纺织类专业毕业生就业报告

中国纺织服装教育学会　编写

中国纺织出版社

内容提要

本书由中国纺织服装教育学会组织行业院校共同编写，以一手资料和大量翔实案例，展现行业和毕业生全景画面，旨在使读者对纺织行业有全面和准确的了解。本报告共分为五部分：纺织行业发展概况，纺织类专业毕业生就业情况，纺织类专业毕业生案例，用人单位反馈和结语。

本报告充分展示了纺织行业在国民经济中的地位、作用及未来的发展，总体反映了纺织类专业毕业生就业的基本情况，适合作为行业研究必备工具书。

图书在版编目（CIP）数据

纺织类专业毕业生就业报告/中国纺织服装教育学会编写. --北京：中国纺织出版社，2016.11
 ISBN 978-7-5180-3071-2

Ⅰ.①纺… Ⅱ.①中… Ⅲ.①高等学校—纺织工业—毕业生—就业—调查报告—中国 Ⅳ.①G647.38 ②TS1

中国版本图书馆CIP数据核字（2016）第264670号

策划编辑：张晓芳　责任编辑：宗　静　责任校对：寇晨晨
责任设计：何　建　责任印制：何　建

中国纺织出版社出版发行
地址：北京市朝阳区百子湾东里A407号楼　邮政编码：100124
销售电话：010—67004422　传真：010—87155801
http://www.c-textilep.com
E-mail：faxing@c-textilep.com
中国纺织出版社天猫旗舰店
官方微博http://weibo.com/2119887771
北京通天印刷有限公司责任公司印刷　各地新华书店经销
2016年11月第1版第1次印刷
开本：787×1092　1/16　印张：8.5
字数：118千字　定价：28.00元

凡购本书，如有缺页、倒页、脱页，由本社图书营销中心调换

《纺织类专业毕业生就业报告》编写委员会

主　　任：倪阳生　中国纺织服装教育学会会长
副主任：叶志民　纺织之光科技教育基金会副理事长
　　　　刘淑慧　东华大学党委副书记
　　　　蒋心亚　常州纺织服装职业技术学院院长
　　　　刘志刚　中原工学院党委副书记
　　　　华　珊　中国纺织经济研究中心副主任
委　　员：纪晓峰　中国纺织服装教育学会
　　　　白　静　中国纺织服装教育学会
　　　　张翠竹　纺织之光科技教育基金会
　　　　宋丽贞　东华大学
　　　　刘春雁　东华大学
　　　　景　亮　东华大学
　　　　贺仰东　常州纺织服装职业技术学院
　　　　高　妍　常州纺织服装职业技术学院
　　　　卞克玉　常州纺织服装职业技术学院
　　　　郝　杰　《纺织服装周刊》杂志社
　　　　郑培文　天津工业大学
　　　　马宏艳　北京服装学院
　　　　赵　虎　浙江理工大学
　　　　苏　博　西安工程大学
　　　　魏　剑　武汉纺织大学
　　　　刘国存　中原工学院
　　　　唐梦丽　成都纺织高等专科学校
　　　　彭　曼　江苏工程职业技术学院
　　　　戴　婧　浙江纺织服装职业技术学院
　　　　陈　利　山东轻工职业学院

（排名不分先后）

前言

刚刚发布的《纺织工业发展规划（2016—2020年）》中明确提出："纺织工业是我国传统支柱产业、重要民生产业和创造国际化新优势的产业，是科技和时尚融合、生活消费与产业用并举的产业，在美化人民生活、增强文化自信、建设生态文明、带动相关产业发展、拉动内需增长、促进社会和谐等方面发挥着重要作用。"纺织的历史，在中国可以追溯到五千年前。她的出现，预示了人类从蒙昧走向文明；她的发展，昭示了中华民族的智慧与进步。中国的纺织业开创了中国现代工业的先河，在一段时期内纺织工业成为中国工业的代名词，有些地区称之为"母亲工业"。无论是新中国成立到20世纪90年代纺织工业发展最好的"上（海）青（岛）天（津）"，还是当前总量和水平排在全国前6位的江苏、山东、广东、福建、浙江、上海这5省1市，都是我国经济发达地区。这意味着，纺织业非但不是夕阳产业，反而是一个发展潜力和科技含量高、产品附加值大的产业。

纺织行业经过半个多世纪的发展，企业环境已发生了翻天覆地的变化，曾经的昏暗、陈旧的环境一去不复返，取而代之的是崭新的厂房、花园式的环境、四季适宜的温湿度条件。纺织行业的科技创新能力不断提高，先进设备和技术得到广泛应用，纺织业已摆脱传统的落后、低效形象，生产效率不断提高。20世纪纺纱万锭用工最高约为350人，如今，国内自动化程度最高的企业可以把这一指标降低到15人，甚至更少。

"衣食住行"中的衣是我国最早也是解决得最好的行业，满足了不同人群对衣着和家用纺织品的各种需求。随着高科技和智能装备的投入，纺织材料技术不断创新，纤维应用领域不断拓展，传统概念中的衣着和家用纺织品总量在增加，但在行业所占比例逐年下降，而产业用纺织品异军突起，在纺织工业中的地位越来越重要，广泛应用于结构增强、安全防护、医疗卫生、土工建筑等领域。"天宫二号"、"神舟十一号"、大飞机、汽车、南水北调、高铁等国家重大项目领域都有纺织先进技术和产品的应用。

发达国家已经对纺织业有了重新认识。在美国，在"再工业化"的战略体系中，也赫然将纺织列入其中。2016年4月，美国"革命性纤维和织物研究创新院"宣布成立，这已经成为美国第八个国家级创新研究领域。德国在工业4.0的大背景下，制定了纺织业的长远振兴计划futureTEX，这一规划旨在为纺织业在新材料、能源、信息等领域创造出全新的舞台。

正在发展中的全新纺织产业已远远超出了一般人的想象。它已经越来越和科技与时尚融合，这意味着一个全新的蓝海高科技产业正在兴起。任何产业的大发展，都离不开人才的支撑。纺织行业从新中国成立开始就高度重视人才培养，1951年组建了第一所专业院校——华东纺织工学院，比全国的大规模院系调整还早。很多纺织企业都有自己的学校或培训中心，上海的纺织企业基本上是一厂一校。各级各类院校和培训机构输送的人才支撑了纺织行业健康发展。目前，纺织服装院校毕业生供不应求，但近几年招生遇到困难。分析其原因：一是业外对纺织行业情况不了解，还停留在过去陈旧的认识上；二是学生对纺织类专业毕业生就业去向不明晰。为此，我们从去年开始，组织东华大学、常州纺织服装职业技术学院等院校对毕业生就业情况进行调研，编写了《纺织类专业毕业生就业报告》。该报告充分展示了纺织行业在国民经济中的地位、现在的作用以及未来的发展；总体反映了纺织类专业毕业生就业的基本情况；旨在让社会、考生家长和考生对纺织行业有全面和准确的了解。我大学毕业后就从事教育方面工作，至今已有32年，从做一名教师到国家机关职员再到为纺织服装教育服务中的一员，一直没有离开纺织服装教育这个行当。我执著于纺织服装教育事业，因为我了解并热爱这个充满激情和活力的行业。建设纺织强国和后纺织强国的到来需要大批人才投身到这个行业。我衷心希望考生和考生家长研读本报告后，能把纺织类专业作为报考选项。

纺织，从远古走来，积淀着人类的文明；纺织，正在向未来奔去，给人以美好的向往。一个始终为人类创造美并与人类和谐共生的行业期待你们的加入。

最后，要感谢参与本报告编写的院校的各位老师以及提供丰富资料的学校和企业，特别感谢中国纺织工业联合会和纺织之光科技教育基金会对此项工作的支持。

由于时间仓促以及组织者和编写者能力所限，报告中不妥之处敬请批评指正和谅解。

中国纺织服装教育学会会长　倪阳生

2016年10月

综述

纺织工业发展到今天,早已超越了传统纺织业的概念。纺织高性能纤维复合材料为军工国防、航天航空、铁路交通等提供了重要支撑,助力东风五号导弹、神舟十一号飞船成功发射;一批服装和家纺品牌成功进入了国际时尚的高端市场,开始构建中国品牌的国际布局;中国顶级服装设计师群体以科技和文化的融合,为各国和地区的领袖及夫人们设计的新中装享誉全球。一路走来,纺织工业者的智慧如影随形,点亮全世界的眼光视线。"十三五"时期,构建多层次的人才体系成为纺织工业的重要任务之一。纺织强国的实现,需要中国纺织行业的引路人,如科技、管理、时尚等领军人物,包括企业家队伍、劳动模范、高素质产业工人的奋发努力,也需要莘莘学子加入纺织工业队伍。

为此,中国纺织服装教育学会组织行业院校共同编写《纺织类专业毕业生就业报告》,介绍纺织行业,明晰纺织类专业毕业生就业情况。本报告共分为五部分:第一部分是纺织行业发展概况,第二部分是纺织类专业毕业生就业情况,第三部分是部分纺织类专业毕业生案例,第四部分是用人单位反馈,第五部分是结语。

《纺织类专业毕业生就业报告》编写工作启动以来,在中国纺织工业联合会、纺织之光科技教育基金会及社会各界的关心支持下,在东华大学、常州纺织服装职业技术学院、中原工学院、北京服装学院、西安工程大学、浙江理工大学、天津工业大学、武汉纺织大学、成都纺织高等专科学校、江苏工程职业技术学院、浙江纺织服装职业技术学院和山东轻工职业学院这12所院校相关教师的辛勤努力下,各项工作顺利开展,取得了一定成果。

2015年12月,《纺织类专业毕业生就业报告》编写工作启动会议召开,会议研讨了报告主要内容,确定了报告编写各进度时间节点。会议确定由东华大学负责就业岗位分布、毕业生案例等模块,由常州纺织服装职业技术学院负责纺织行业概述模块。

2016年1月,中国纺织服装教育学会向行业内院校下发了征集报告素材的通知,征集素材包括专业岗位调查表、专业岗位案例和专业岗位精选案例等;同时,启动企业调研,邀请纺织类企业对就职于本企业的纺织类毕业生作评价,对人才需求提要求。

2016年4月,《纺织类专业毕业生就业报告》编写工作中期研讨会召开,会议对就业报告已完成部分交流研讨,分析行业岗位、专业岗位,总体把握毕业生分布,形成岗位地图,进一步细化了岗位案例要求、明确了案例提供规范。

2016年9月，中国纺织服装教育学会与东华大学、常州纺织服装职业技术学院两所执笔院校召开报告初稿研讨会，会议修订完善了报告各章节内容，使其简约、完整、与时俱进；从各校提供的案例中提炼各岗位具有代表性的案例并再次返回院校修改完善，以便制作精选案例集。

截至2016年10月底，《纺织类专业毕业生就业报告》完成。该报告充分体现了纺织工业过去的地位、现在的作用以及未来的发展趋势；总体反映了纺织类专业毕业生就业的基本情况；旨在让社会、青年学生及学生家长对纺织行业有全面和准确的了解，吸引更多学生报考纺织类学校，投身纺织事业，实现人生价值。

目录
Contents

第一部分　纺织行业发展历史沿革 ······ 001

1 纺织行业发展概况 ······ 001
1.1 我国传统支柱产业 ······ 001
1.2 我国重要的民生产业 ······ 002
1.3 我国具有国际竞争优势的产业 ······ 004

2 纺织行业发展日新月异 ······ 004
2.1 企业环境明显改善 ······ 004
2.2 生产效率大幅提升 ······ 004
2.3 应用领域日益扩大 ······ 007
2.4 就业质量不断提高 ······ 010

3 纺织行业发展优势多 ······ 010
3.1 产业链完整 ······ 010
3.2 集群优势明显 ······ 010
3.3 增长速度快 ······ 011

4 纺织行业发展潜力大 ······ 011
4.1 "互联网+"提供新机遇 ······ 011
4.2 品牌助推行业发展 ······ 012
4.3 创新发展成为主旋律 ······ 012
4.4 节能、环保、绿色是趋势 ······ 012

5 纺织行业前景无限 ······ 013
5.1 新技术、新产品层出不穷 ······ 013

5.2	高端化、智能化发展是趋势	013
5.3	文化创意与设计融合成为新亮点	014
5.4	改革与发展成为主旋律	015

第二部分 纺织类专业毕业生就业情况 ········· 019

1	总括	019
2	纺织类专业毕业生就业岗位情况	020
2.1	科学研究人员	021
2.2	教学人员	023
2.3	公务员	024
2.4	工程技术人员	025
2.5	生产和运输设备操作人员	037
2.6	艺术设计人员	042
2.7	模特及演艺人员	047
2.8	办事人员和有关人员	052
2.9	商业和服务业人员	054
2.10	企业高级管理人员	064
2.11	行业和经济管理人员	066

第三部分 部分纺织类专业毕业生案例 ········· 071

第四部分 用人单位反馈 ········· 097

第五部分 结语 ········· 107

附录 ········· 109

附录1	部分开设纺织类专业普通高等学校名单	109
附录2	部分开设纺织类专业高等职业学校名单	117
附录3	部分开设纺织类专业中等职业学校名单	124

第一部分 纺织行业发展历史沿革

纺织行业是我国工业体系中的重要门类，是我国工业化过程中的先导行业和基础性行业。新中国成立时我国纺织工业虽然规模较小，但在全国工业总产值中的比重高达38%，拥有75万人的纺织职工队伍，是当时国家工业体系的重要支撑。1949~1978年纺织工业上缴利润、税收，相当于同一时期国家工业总投资的1/3，约为国家对纺织工业投资额的6倍。改革开放初期，纺织工业在我国工业体系中的地位仍然重要，1978年纺织工业总产值约占全国工业总产值的11%，纺织产品初步满足全国人民的消费需求，并已经在国际纺织品出口市场中占据3.4%的份额。发展到今天，我国已经成为世界上纺织产业规模最大、产业链最完整的国家，2015年我国纤维加工总量约占全球总量的55%，化纤产量约占全球总量的65%，纺织品出口额占全球的比重约38%。纺织产业不仅为我国人民提供了丰富的纺织产品，而且为全世界纺纺业的发展发挥了重要作用。

1 纺织行业发展概况

新中国成立初期，我国工业基础非常薄弱，在一定程度上纺织工业可以说是工业的代名词，纺织工人也是工人队伍的代表形象，纺织工业承担了"母亲工业"的角色。经过半个多世纪的发展，纺织工业仍然是我国的支柱产业、重要民生产业和创造国际化新优势的产业。

1.1 我国传统支柱产业

2015年，我国纺织行业规模以上企业38744家，主营业务占整个规模以上工业的比重为6.4%，利润总额占整个规模以上工业的比重为6.1%。一般认为占GDP（国内生产总值）比重超过3%的行业就具备支柱产业的地位，经估算全社会纺织行业工业增加值占GDP的比重超过3%，国家支柱行业的地位没有改变（表1-1）。

表1-1 规模以上纺织企业主要经济指标以及占工业的比重

主要指标	2000年	2010年	2015年
主营业务收入（亿元）	8339.38	46008.3	70713.5
主营业务收入占工业的比重	9.91%	6.59%	6.41%
利润总额（亿元）	295.33	2240	3860.41
利润总额占工业的比重	6.72%	4.20%	6.07%
实际完成投资额（亿元）	309.3	4036.7	11913.2
实际完成投资额占制造业的比重	—	5.42%	6.61%

数据来源：中国纺织工业联合会

纺织工业起源于东部沿海经济发达地区，历史上"上青天"代表了纺织业最发达的三个城市。目前，纺织行业仍然主要集中在经济发展水平较高的东部地区。2015年，规模以上纺织工业中，广东、福建、浙江、江苏、山东、上海这五省一市主营业务收入和利润总额占全国的比重约为70%。在浙江绍兴、浙江嘉兴、江苏吴江、江苏张家港、广东佛山等地的多个纺织产业集中的乡镇，纺织产业仍然是地方经济发展的龙头骨干产业。

1.2 我国重要的民生产业

"衣食住行"中"衣"字当头，经过几十年的快速发展，"衣"成为民生行业中解决得最好的行业。我国纺织业的快速发展为全国13.7亿人口的衣着类消费提供了保障，目前我国人均纤维量估算应超过20千克，从全世界平均消费水平看处于中高档水平（表1-2、图1-1、图1-2）。

表1-2 纺织消费在社会消费中的地位

限额以上服装鞋帽、针纺织品零售额（亿元）	限额以上服装鞋帽、针纺织品占限上消费品零售额比重（%）	服装家纺网络零售交易额（亿元）	服装家纺网络零售交易额占全国网络零售市场交易额比重（%）
13484	9.46	8310	21.43

数据来源：国家统计局

图1-1 面料展上种类繁多的各类面料

纺织行业在我国是承担就业的重要行业，纺织全行业从业人员约2000万人。随着科技进步带动的劳动生产率提升，规模以上纺织企业就业的绝对人数在2008年达到1172万人后逐年下降，2014年为975万人，占规模以上工业企业就业人数的比重约10%，仍然是关系就业的重要民生产业（图1-3）。

图1-2 服装——时尚与艺术的集合体、流动的历史

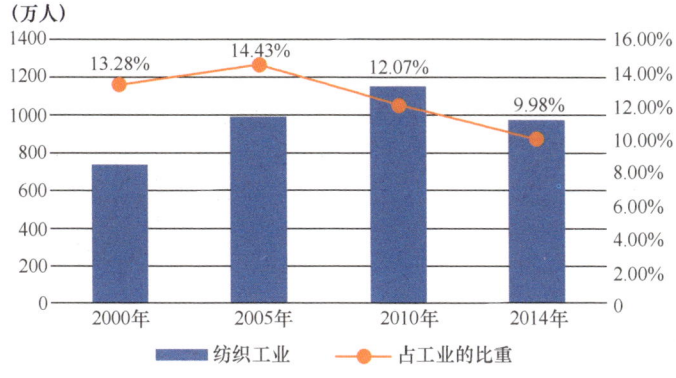

数据来源：国家统计局

图1-3 规模以上纺织工业就业人数占工业的比重

1.3 我国具有国际竞争优势的产业

我国是世界上纺织产业规模最大的国家。随着人才培养、科技创新、产品开发、品牌建设、国际化发展等方面能力的不断提高，我国纺织行业的国际影响力和国际竞争力不断提升。2014年，中国纺织工业联合会王天凯会长出任新一届国际纺织制造商联合会主席，这是国际纺织制造商联合会成立110年以来首次由中国纺织业界人士担任主席。纺织行业各领域都成长起一批在国际上具备较强竞争力的优势企业，世界上最大的棉纺织企业——山东魏桥集团，自2012年起连续4年入选世界500强。高新技术纤维、功能性产业用纺织品、先进纺织装备、中高档面料、服装、家用纺织品等方面的先进技术得到研发和应用，"天宫一号"航天器、大飞机、南水北调、高铁等国家重大项目领域都有纺织先进技术和产品的应用。

2 纺织行业发展日新月异

2.1 企业环境明显改善

纺织行业经过半个多世纪的发展，企业环境已发生了翻天覆地的变化，曾经的昏暗、陈旧的环境一去不复返，取而代之的是崭新的厂房、花园式的环境、四季适宜的温湿度条件，纺织企业不再是落后、陈旧的代名词。图1-4~图1-7展示了新旧纺织企业的环境对比。

图1-4 古老的纺织厂大门

图1-5 现代化的纺织厂环境

2.2 生产效率大幅提升

目前，纺织行业的科技创新能力和生产效率不断提高，先进设备和技术得到广泛

图1-6　现代化、多功能服装企业大楼（江阴海澜之家）

图1-7　世外桃源般的印染装备制造企业（山东康平纳）

应用，纺织业已摆脱传统的落后、低效形象，规模以上人均主营收入达到68.9万元，是2000年的6.1倍。行业装备自动化水平的大幅提升使纺织行业的生产状况与过去相比有着天壤之别。20世纪纺纱万锭用工最高约为350人，如今，国内自动化程度最高的企业可以把这一指标降低到15人，甚至更少。在无锡一棉，一个纺纱车间只有100多人，全厂依靠9万个传感器与ERP（企业资源计划）系统和电子商务配套，实现了信息化与纺织生产、管理、经营的良好结合。

图1-8~图1-17展示了纺织设备从落后到先进的巨大变化。

图1-8 陈旧的纺织厂设备

图1-9 现代化的纺纱厂

图1-10 无人化纺纱厂(无锡一棉)

图1-11 全自动纺纱车间(山东如意集团)

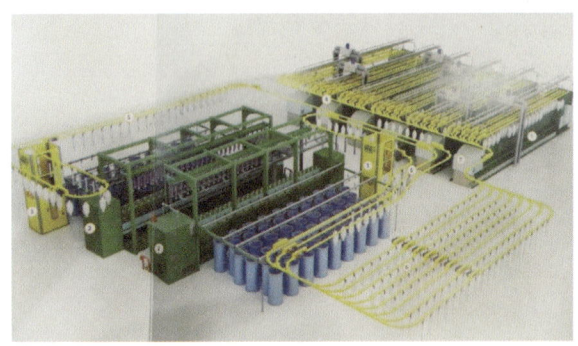
图1-12 纺纱企业先进的粗细络联技术(一)

图1-13 纺纱企业先进的粗细络联技术(二)

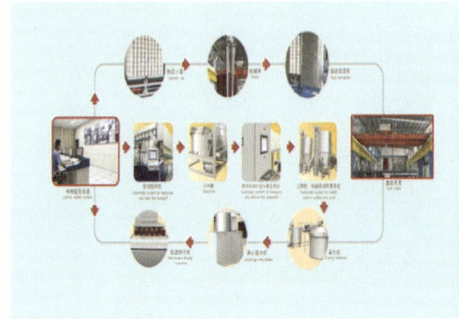

图1-14 数字化印染生产流程及自动监控(山东康平纳)

图1-15　古老的缝纫机　　　　　　　　图1-16　现代化缝纫机

图1-17　现代化的服装厂流水线（华利达）

2.3　应用领域日益扩大

传统概念中，纺织行业产品主要指服装，随着纺织材料技术不断创新，纤维应用领域不断拓展，服装、家用纺织品、产业用纺织品三大类产品平分秋色。尤其是产业用纺织品在纺织工业中的地位越来越重要，广泛应用于结构增强、安全防护、医疗卫生、土工建筑等领域。产业用纺织品在纤维加工总量中的比重由2000年的12.8%上升到2015年的25.3%，预计到2020年我国产业用纺织品的产量将达到2000万吨，占到纤维加工总量的1/3。如图1-18所示，用纤维轮的方式详细列举了纺织纤维及其产品的广泛应用。图1-19~图1-27列举了部分新型纺织品的应用实例。

图1-18 纤维及纺织品的应用

图1-19 具有防水功能的面料❶

---

❶ 图片来源：http://b2b.chinaleather.org/product/51791.html

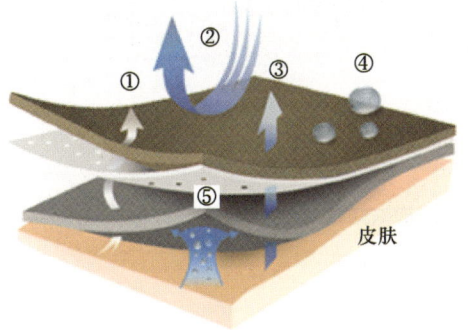

图1-20　透气面料模型

图1-21　防风、透气、超薄骑行服

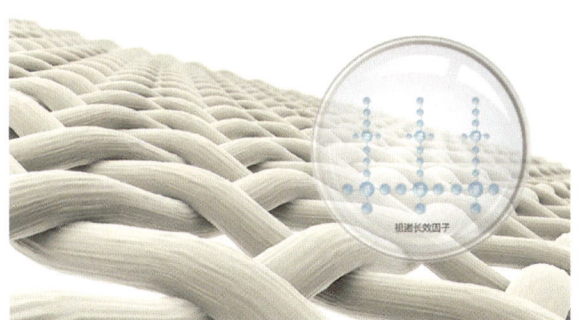

图1-22　抗菌纺织品[1]

图1-23　户外运动面料

图1-24　超弹力泳装面料

图1-25　纺织品制造的军用防弹头盔

---

[1] 图片来源：http://www.zoonochina.com/index.php/Work/detail/id/12/aid/33

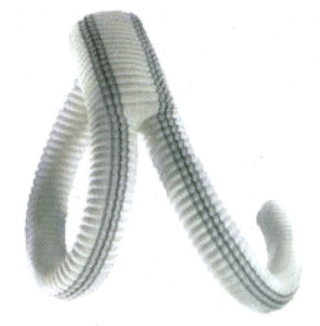
图1-26 用特殊材料织成的人造血管

图1-27 外包碳纤维的超级跑车

2.4 就业质量不断提高

纺织业过去给人们的印象是劳动力低下、附加值低，但随着技术进步、生产效率不断提高，纺织从业人员的待遇水平也不断提高，已明显高于全行业平均工资水平。从新中国成立起，纺织行业就高度重视人才培养，1951年开始组建了第一所专业院校，很多纺织企业都有自己的技术培训学校。发展到今天，全国设有纺织有关专业的本科院校约有200所，高职院校约290所，中职院校约900所。在数量众多的纺织企业岗位需求支撑下，各层次纺织专业人才的就业前景都非常好，应届毕业生经常是同时能获得数个就业岗位，在专业岗位稳定就业3年以上的人员薪酬待遇提升幅度较大。

3 纺织行业发展优势多

3.1 产业链完整

中国已建成了世界上规模最大、产业链最完整的纺织工业体系。从纤维制造到化纤生产，从纺纱到织布，从印染到后整理，从机织到针织，从面料后整理到服装加工，从设计到生产，从研发到品牌运营，从设备生产到配套供应，从营销到运输，从技术到人才，中国是世界上唯一具备了全流程、全产业链的国家。近年来，东南亚很多国家纺织产业发展迅速，抢占了中国部分市场，但从本质上来讲，这些国家的技术储备、人才储备、装备储备、生产管理、物流等方面与中国的差距还很大，短期内并不具备挑战中国纺织行业的能力。

3.2 集群优势明显

我国纺织行业经过多年的发展，已经形成明显的区域集聚特色，以及形成一定规模的纺织产业集群地，这些纺织集群无论是销售额、产量还是出口额，在行业中都占据了相当重要的地位。截至2015年年底，我国已形成了207个产业集群，包括各类产业基地、产业名城、产业名镇等。2015年产业集群地实现主营收入达4万亿元左右，约占全行业的40%，这些产业集群具有明显的集中和示范效应，如浙江绍兴柯桥的面料、杭州的女装、海宁的皮革、江阴的毛纺、嵊州的领带，广东小榄镇的内衣，江苏常熟的羽绒服等。

3.3 增长速度快

我国的纺织业增长迅速。据世贸组织统计，1994年以来，中国连续20年保持全球纺织品出口第一，欧盟、美国、日本作为三大主要市场消费国，中国是第一纺织品供应国家，已占到全球市场份额的1/3。

中国是世界纺织供应链中最重要的制造中心。在投资方面，中国仍是世界纺织业投资的焦点。在市场占有率方面，我国已成为产量超过世界1/2、国际市场占有率超过世界1/3的全球最大的纺织生产国、消费国和出口国。

表1-3列举了2011~2015年纺织行业主要指标增长情况。

表1-3 2011~2015年纺织行业主要指标增长

指标	年均增长	指标	年均增长
纺织纤维加工量	5.1%	纺织品出口额	6.6%
规模以上纺织企业实现主营业务收入	9.2%	占世界的比重	37.4%
利润总额年均增长	11.5%	产业用纺织品	10.3%

4 纺织行业发展潜力大

4.1 "互联网+"提供新机遇

电子商务是中国纺织业发展最强劲的引擎之一。2015年，中国纺织电子商务交易总额达3.7万亿元，同比增长25%，占全国电子商务交易总额的20.56%。2015年服装家纺网络零售额达8310亿元，占全国比重的21%。

目前流行的自媒体营销方式也在倒逼纺织行业的变革，社交流量变现销量这一新商业模式正在逐步形成中。未来在大规模生产商品之前，纺织行业可以通过向潜在用户收集意见来测试不同风格服装的市场反应，这也许会成为未来纺织业销售的一种新模式。

4.2 品牌助推行业发展

纺织业品牌意识在不断增强，国内纺织企业正通过并购、重组等手段建立自己的品牌，全产业链品牌体系正在形成，行业性品牌培育管理体系与品牌价值评价制度初步建立。目前，活跃的自主服装家纺品牌约3500个，全行业拥有"中国驰名商标"300多个。2013年，中国商业联合会依据市场销售额和销售量表彰的87个消费品品牌中，纺织品牌占56%。纺织业品牌市场增长空间大。据预测，至2018年国内服装零售额将达到2.1万亿元。

4.3 创新发展成为主旋律

创新是发展的原动力，纺织业要保持优势，继续做大、做强，离不开创新，在当前"大众创新，万众创业"的主旋律下，纺织业难以独善其身。多年来纺织企业不断加大研发投入力度，仅纺织行业2015年就有16项成果获国家科学技术奖，其中，"筒子纱数字化自动染色成套技术与装备"获国家科技进步一等奖。纺织企业也从不断地从创新发展中尝到了甜头，很多公司依靠创新成为了高新科技企业。例如，广东溢达公司通过创造性地设计使企业利润成倍增长；福建泉州某面料公司生产的一款运动服由于吸汗和透气能力强，面料又很薄，所以，产品很受国外市场欢迎。总之，通过创新，积极提升产品的科技含量已成为提升竞争力的有效手段。

4.4 节能、环保、绿色是趋势

近年来各类节能减排技术发展迅速，纺织行业也不再是传统、落后、污染的代名词，取而代之的是绿色、环保、节能。现在，染100米布仅需1.8吨水，纺织生产过程中产生的各类中水回用率也提高到了30%以上，纤维重复利用率也越来越高，目前年替代用量达到了600万吨，占总纤维用量12%以上。很多城市小区都已放置了旧衣回收设备（图1-28），这些都是合理利用、循环利用的具体体现。先进的数码印花技术（图1-29）使面料上直接打印各种图案成为可能，不仅可以快速打印几千万种颜色，而且极其高效。

目前，生态文明建设已提升到执政理念和国家整体战略层面，必将不断推动纺织行业节能减排，发展低碳、绿色、循环纺织经济，以推动行业转型升级。

第一部分 纺织行业发展历史沿革

图1-28 纺织品回收设备

图1-29 先进的数码印花设备

5 纺织行业前景无限

5.1 新技术、新产品层出不穷

纤维制造未来向着高速化、差别化、超细化、功能化、复合化的方向发展，新型纤维层出不穷。纺织加工技术进一步朝着复合加工技术方向发展，具体体现于化学纤维加工的复合化、天然纤维混纺交织与交并加工技术以及多层织物的复合技术等方面。印染后整理技术进一步突出环保与自动化特点，如进一步缩短染化料的加工流程、无水化加工及低温等离子处理技术。新型的加工手段和织造技术使获得外观新颖、功能与风格多样的面料成为可能。

5.2 高端化、智能化发展是趋势

《中国制造2025》将十大优势和战略产业作为突破点，其中涉及先进纺织材料、高性能纤维及复合材料、新一代生物医用材料、智能仿生与超材料这四个方面，这也必将为纺织产业的发展提供新的机遇。

未来随着材料、化工、机械、计算机技术、装备技术的进步，工业4.0、"互联网+"、"中国智造"的兴起，纺织行业的发展会迈上一个新台阶。纺织品进一步向着功能化、时尚化、创新化发展，概念性纺织品、未来纺织品、智能纺织品（图1-30、图1-31）必将大量涌现。目前已研制出能够读出人体心跳和呼吸频率的"聪明衬衫"，能够自动播放音乐的外套，能够在胸前显示文字与图像的T恤衫……美国科技媒体预测，未来的服装将成为真正的"多功能便携式高科技产品"，一件服装能同时播放音乐、视频、调节温度，甚至上网"冲浪"。总之，纺织业从来都不是传统产业的代名词，而是经典产

013

业的代言人。

图1-30 具有高度智能的服装

最原始的服装　　　　　　　第二代服装　　　　　　　智能服装
主材：树叶、皮毛为主　　主材：棉、麻、皮及化纤　主材："芯片"+传统服装
功能：着衣蔽体为主　　　功能：保暖、美化　　　　功能：智能化、科技元素

图1-31 智能服装时代

5.3　文化创意与设计融合成为新亮点

2014年国务院发布《关于推进文化创意和设计服务与相关产业融合发展的若干意见》，提出推进文化创意和设计服务与包括纺织业在内的相关产业融合发展，以发展创新型经济，实现由"中国制造"向"中国创造"转变。纺织品和服装设计是设计服务的重要领域，可以通过丰富创意和设计内涵，促进纺织业品牌化发展，大幅提升综合竞争力，助推"纺织大国"向"纺织强国"的转变。

纺织产品既有文化内涵又有实用功能，文化元素与纺织品相结合有利于提升产品档次，给人们带来健康、舒适、时尚、尊严、自豪等消费体验。未来纺织业会进一步加强文化创意和设计服务的融合，综合运用网络技术、大数据、3D技术更好地拓展纺织产品的应用。

5.4 改革与发展成为主旋律

2016年是"十三五"的开局之年，"供给侧"改革成为当之无愧的热词。纺织行业一方面要积极实施"增品种、提品质、创品牌"的"三品战略"的良方，另一方面要紧紧围绕去产能、去库存、去杠杆、降成本、补短板这五个方向来做文章。尽管在过去的五年里，纺织行业平均6.8%的利润增长跑赢了全国工业经济增长，但未来如何把供给侧改革贯穿到全行业的发展中，仍然是要研究的一个深课题。

纺织"十三五"规划明确提出：在"两个百年"奋斗目标下，进一步强化纺织工业作为国民经济传统支柱产业、重要的民生产业和创造国际化新优势产业的地位，以科技与时尚整合、衣着消费与产业用并举为特色，持续发挥其美化人民生活、带动相关产业、拉动内需增长、建设生态文明、增强文化自信和促进社会和谐的作用，通过"创新发展"、"协调发展"、"绿色发展"、"开放发展"和"共享发展"，提升行业实力，塑造行业魅力，增强行业内力，实现纺织产业的"新跨越"。

案例：鲁泰 26 年发展历程

起步：鲁泰集团的前身——淄博第七棉纺厂，是一个只有200多名员工、15000枚纱锭的县级小棉纺厂。1990年，在纺织工业部等部门的关怀和协助下，公司同泰国泰伦纺织有限公司合作成立了中外合资公司，当时的规模为20000纱锭。

图1-32　国产梳棉机

图1-33　国产纺纱设备

图1-34　建设办公室　　　　　　　　　图1-35　建设中的七棉

第一次飞越：1993年，公司发行1000万职工内部股，融资4000万元。企业从单一的纺纱向具有织布、漂染、色织布整理及制衣综合生产能力的纺织企业集团发展，并成功改制为外商投资的股份制企业，成立了鲁泰纺织股份有限公司。用改制融资购置了世界最好的纺纱设备，学到了外国先进的制造技术和管理经验，产品实现了出口。员工达到了1000多人。

第二次飞越：1997年，公司发行B股，融资1.5亿元港币，公司实力大增，实现了由弱到强的壮大。此次融资使公司资金更加充裕，先后从比利时、德国和日本引进了具有世界先进水平的色织面料生产线，公司的各类设备达到了2000多台（套），成为当时亚洲六大色织面料生产厂家之一。员工达到了2000多人。

第三次飞越：2000年，公司发行5000万A股，融资8.9亿元。这使企业新增年产高档色织面料3300万米，一跃成为世界产量最大的高档色织布生产基地和全球一线品牌衬衫生产商。此时，鲁泰员工突破万人。

图1-36　1997年B股发行介绍会

第一部分 纺织行业发展历史沿革

图1-37 现代化的生产车间

今日鲁泰：26年的发展，鲁泰实现了由一个棉纺小厂到行业龙头企业的巨变，从200多名员发展到现有员工2万余人，总资产71.5亿元，净资产32.79亿元，总资产增长175倍，净资产增长434倍，营业收入增长357倍，出口创汇增长166倍，利润总额增长815倍。鲁泰成为在中国、美国、意大利、印度、越南、柬埔寨、缅甸这7个国家设立了12家控股子公司、2个办事处和40个生产工厂，拥有从棉花育种、种植、纺纱、漂染、织布、整理、制衣全产业链的综合创新型国际纺织服装集团。

图1-38 鲁泰西区工业园办公楼

图1-39 鲁泰纺织服装工程研究院

第二部分　纺织类专业毕业生就业情况

1　总括

就业是民生之本，就业稳则心定、家宁、国安。毕业生就业，涉及千家万户，影响学生一生，被党中央、国务院列为就业工作的重中之重。习近平总书记明确指出，高校毕业生就业问题，关乎社会安定稳定，一定要高度重视。

纺织工业是我国传统的支柱产业、重要的民生产业和创造国际化新优势的产业，是科技和时尚融合、生活消费与产业用并举的产业。在美化人民生活、增强文化自信、建设生态文明、带动相关产业发展、拉动内需增长、促进社会和谐等方面发挥着重要作用。

对于相关产业、行业、企业及岗位的整理与分析，不仅能够为从业人员提供很好的参考价值，更能够为人才的发展提供更多的通道。调研所得的毕业生就业情况显示，大多数的毕业生在所在的岗位上能够长时间潜心工作和研究，并作出较大贡献和成就。从毕业生用人单位的反馈可以看出，各行各业的"纺织人"为企业的发展注入了巨大的能量和活力，并作出了卓越的贡献。毕业生们不管是自主创业还是应聘上岗，都能在自己的岗位上发光发热，绽放着自己亮丽的青春。

本报告对纺织类专业毕业生分布的各个行业进行整理分析，涵盖毕业生就业岗位各个方面，并从全局上考虑各岗位的相似度和融合度。合理构造岗位群，在充分考虑学生的实际需求下，注意社会、环境对岗位的理解。在选择岗位地图设计时，只有全方位地展现才能保证岗位地图的完整性，才能科学地反映评价的对象，正确地表达评价的目的。作为纺织类院校，毕业生岗位地图能充分反映专业行业特色性。以大纺织为背景，以其他相关专业为辅助进行岗位梳理，形成"1+X"的特色格局。

社会对纺织类专业毕业生的评价综合反映学校人才培养的质量，毕业生的社会需求及纺织企业的产业发展情况等。本报告选取用人单位对纺织类专业毕业生的就业评价和取得的成就进行说明。总体而言，大多数的企业对学生的评价是积极的，特别是对那些长期坚守在纺织相关岗位上的员工，他们爱岗敬业，追求卓越的精神面貌和努力工作、奉献青春的高尚品质，都充分展现了纺织人的优良风貌。这让要从事纺织行业的人们更多地看到现代纺织企业的工作环境、企业文化等，让从事或要从事相关行业的人员以更大的激情和动力，为纺织行业贡献力量。

2　纺织类专业毕业生就业岗位情况

纺织类学生在毕业后，大多数选择与行业相关的企业岗位就业。从早期的纺织人到现在的新纺织人，不管在哪个领域都展现了纺织人的优良传统和价值。纺织行业作为传统的支柱产业，在转型之后，对人才的需求大大提升，特别是高端人才，如设计研发等，造成纺织类院校毕业生供不应求。通过对大量相关专业的毕业生的调查，纺织类毕业生遍布在大江南北各行各业，我们以18个类别的职业分类为基础，以教育部、人社部提供的职位类别为基础标准，结合纺织业特色情况，大致将纺织行业相关的职业类别分为11大类。每个职业类别下面又包含若干岗位，涉及的岗位粗略估计有近千个，从中我们选取部分岗位作为代表来展示毕业生就业情况。如图2-1所示，这些岗

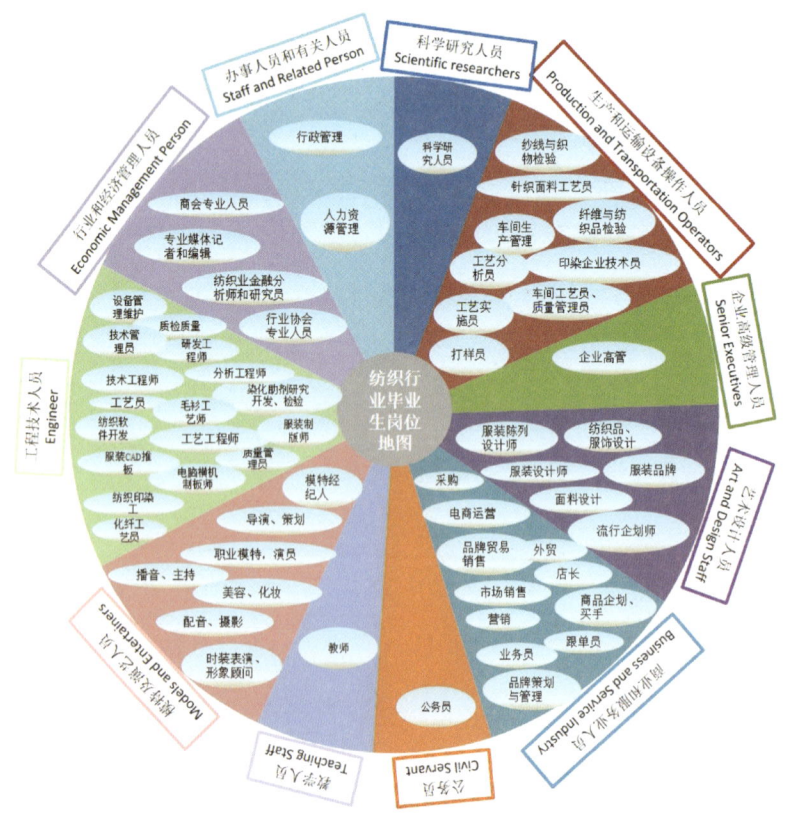

图2-1　纺织类专业毕业生就业岗位地图

位构成了纺织类专业毕业生就业岗位地图。其中包括了各个职业类别包含的相关岗位，并将各个职业类别毕业生所占的比例表示出来。本文还列出了各个行业毕业生从事较多的专业列表，如图2-2所示。其中的专业名称均是由各纺织类院校提供，基本涵盖了相关的学科和专业，最后还列举了部分岗位毕业生代表案例。

序号	专业名称	序号	专业名称	序号	专业名称	序号	专业名称
1	表演（播音与主持）	23	纺织艺术设计	45	高分子材料与工程	67	生物化学与分子生物学
2	表演（服装表演方向）	24	纺织印染	46	工美系染织	68	生物医学工程
3	表演（影视、戏剧）	25	非织造材料与工程	47	工业设计	69	生物与仿生材料
4	材料成型及控制工程	26	服用材料设计与应用	48	功能材料专业	70	数字纺织工程
5	材料工程	27	服装表演	49	功能与智能材料	71	无纺布专业
6	材料加工工程	28	服装表演与服装设计	50	古代纺织材料技术	72	无机非金属材料工程
7	材料科学与工程	29	服装表演与市场营销	51	装潢艺术设计	73	现代纺织技术
8	材料物理化学	30	服装工程	52	化学	74	现代纺织技术（纺织工艺）
9	材料学	31	服装设计	53	化学工程与工艺	75	现代纺织技术（纺织管理与营销）
10	产品设计（纺织品艺术设计）（艺术类）	32	服装设计（品牌策划）	54	化学纤维	76	新能源和光电材料方向
11	动画	33	服装设计表演	55	机织专业	77	艺术设计（服装艺术设计）
12	纺织材料与纺织品设计	34	服装设计样板方向	56	毛纺织工程	78	艺术设计专业
13	纺织复合材料	35	服装设计与工程	57	棉纺织工程	79	印染专业
14	纺织工程	36	服装艺术设计	58	棉织专业	80	应用化学
15	纺织工程（包装工程方向）	37	服装与服饰设计	59	纳米纤维及其杂化材料	81	针织
16	纺织工程（纺织机电一体化）	38	服装与服饰设计（服饰品设计）（艺术类）	60	轻化工程	82	针织服装
17	纺织化学与染整工程	39	服装制板	61	染整工程	83	针织服装工艺
18	纺织品国际贸易	40	服装制板与工艺	62	染整技术	84	针织服装技术
19	纺织品检验与贸易	41	服装制板与工艺（服装制板）	63	人物形象设计	85	针织服装制板与工艺
20	纺织品设计	42	服装制板与工艺（针织服装技术）	64	设计艺术学	86	针织工艺与针织服装
21	纺织品装饰艺术设计	43	复合材料与工程	65	生物工程	87	针织技术与针织服装
22	纺织生物材料技术	44	高分子材料加工技术	66	生物化工	88	中国古代纺织工程

图2-2 纺织行业专业列表

2.1 科学研究人员

科研人员也称为科技工作者，特指具备某一学科专业知识并从事科学研究的高级知识分子。纺织类专业毕业生从事科学研究的人员相对较多，大多在高校、科研院所、企业研发等部门工作，承担着国家和行业科学技术发展的重任（图2-3）。

职业路径：助理研究员—副研究员—研究员—更高成就科学家。

（1）从事科学研究人员毕业生较多的专业列表（表2-1）

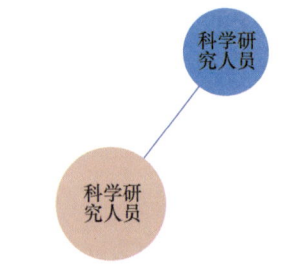

图2-3 科研人员职业岗位地图

表2-1 从事科学研究人员毕业生较多的专业列表

序号	专业名称	序号	专业名称
1	纺织复合材料	9	轻化工程
2	非织造材料与工程	10	化学工程与工艺
3	服装设计与工程	11	应用化学
4	服装与服饰设计	12	纺织化学与染整工程
5	服装表演	13	毛纺织工程
6	纺织工程	14	艺术设计
7	非织造材料与工程	15	古代纺织材料与技术
8	高分子材料与工程		

（2）岗位毕业生代表案例

A. 董李，岗位是科技创新研发岗，毕业于西北纺织工学院（现西安工程大学），毕业时间为1988年。现就职于理士国际技术有限公司，主要从事理士奥电源技术的研发。该行业具有良好的发展前景，且新型电池的开发和研究也能为我国的环保事业做贡献。科技创新企业的工作环境良好，薪资水平较高，但需要不断地吸收容纳新型人才的加入，对技术含量要求较高。

B. 张烜，岗位是实验岗位，毕业于南通纺织职业技术学院（现江苏工程职业技术学院），毕业时间为2005年。现就职于南通金滢纺织产品检测中心有限公司，他负责试验室日常测试和行政管理工作，定期组织相关试验人员进行专业技术培训，多次主持并参与试验室CNAS、CMA资质认定评审，确保试验室质量管理体系的适宜性、充分性、有效性。该岗位专业性要求较高，在江苏省企业研究生工作站、纺织行业中小企业公共服务示范平台、行业技术服务中心等资质的申报中，主持编写申报材料，并起到决定性作用。

2.2 教学人员

教学人员是从事各级各类教育教学工作的专业人员。纺织类专业毕业生大多在高校科研院所从事教学工作，继续为行业的发展培育人才（图2-4）。

职业路径：助教—讲师—副教授—教授。

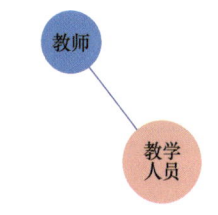

图2-4 教学人员职业岗位地图

（1）从事教师岗位毕业生较多的专业列表（表2-2）

表2-2 从事教师岗位毕业生较多的专业列表

序号	专业名称	序号	专业名称
1	中国古代纺织工程	12	化学
2	纺织化学与染整工程	13	数字化纺织工程
3	生物工程	14	服装设计与工程
4	纺织材料与纺织品设计	15	服装与服饰设计
5	纺织工程	16	艺术设计
6	古代纺织材料技术	17	装潢艺术设计
7	纺织复合材料	18	服装设计表演
8	纺织生物材料与技术	19	高分子材料与工程
9	非织造材料与工程	20	轻化工程
10	功能与智能材料	21	化学工程与工艺
11	纳米纤维及其杂化材料	22	应用化学

（2）岗位毕业生代表案例

A. 罗艳，岗位是教授岗，毕业于东华大学化学专业，毕业时间为2001年。现为东华大学化学化工与生物工程学院应用化学系教授、系副主任和实验室主任。主讲本科生课程2门，研究生课程2门。研究涉及精细化学品制备及应用，微胶囊技术研究开发，绿色整理技术及工艺开发。承担多项纵向及横向科研项目，主持教改项目2项，并获得良好科研及教学效果。获得2013年度东华大学第14届化学节"教师风尚奖"，2012年度河南省教育厅科技成果二等奖（10/10）；2008年度上海市第二届"青年科技创新人才"，2008年度东华大学"师德建设青年标兵"，2007~2008年度上海市教育系统"三八红旗手"，2006年度桑麻纺织科技一等奖（1/1），2006年度上海市"青年科技启明星"。

B. 胡金莲，岗位是教授岗，毕业于武汉纺织工学院（现武汉纺织大学）纺织系，毕业时间1982年。现就职于香港理工大学。2001年，她获得了由美国纤维协会颁发的纤维科学突出贡献奖；2003年，她领导成立了全球首家形状记忆纺织品研究中心，在世界上率先发明了纤维素基形状记忆纺织品，并注册了多项中美专利；同年，她获得了由中国纺织工业协会颁发的杰出研究论文奖，并在第14界中国国家发明博览会上获得了金奖；2004年，她在第38届尤里卡世界发明博览会上获得了银质奖章；2006年，她获得桑麻基金会纺织科技一等奖；2011年，她获得"2011中国纺织学术带头人"的荣誉称号，又被评选为"十佳创新顾问"。最近，她又获得了由AATCC（美国纺织化学师与印染师协会）颁发的最佳原创论文奖，在2011年第39届瑞士日内瓦国际发明展取得银奖。

2.3 公务员

公务员是各国负责统筹管理经济社会秩序和国家公共资源，维护国家法律规定贯彻执行的公职人员。纺织服装行业毕业生公务员在20世纪90年代前，大量集中在纺织工业部及相关单位，后经国家调整后，开始分流到其他行业和岗位，但是目前仍有相当多的毕业生从事公务员岗位（图2-5）。

图2-5 公务人员职业岗位地图

职业路径：科员—科级—处级—局级—部级。

（1）从事公务员岗位毕业生较多的专业列表（表2-3）

表2-3 从事公务员岗位毕业生较多的专业列表

序号	专业名称
1	纺织类专业
2	生物医学工程
3	高分子材料与工程
4	棉纺织工程

（2）岗位毕业生代表案例

肖安民，岗位是公务员岗，毕业于武汉纺织工学院（现武汉纺织大学）棉纺工程专业，毕业时间是1982年。现就职于湖北省发展和改革委员会。毕业后分配在湖北省发展计划委，历任省计委工业处科员、副主任科员、主任科员、副处长、投资处处长，省计委副主任党组成员，省发展和改革委员会副主任党组成员；现任湖北省发展改革委员会副主任、党组副书记。

2.4 工程技术人员

工程技术人员指负担工程技术和工程技术管理工作并具有工程技术能力的人员。纺织行业毕业生担任工程技术人员的大多从事纺织相关产业生产、研发、管理等工作，为行业的发展和壮大提供一线支持（图2-6）。

职业路径：助理工程师—工程师—高级工程师—教授级高级工程师。

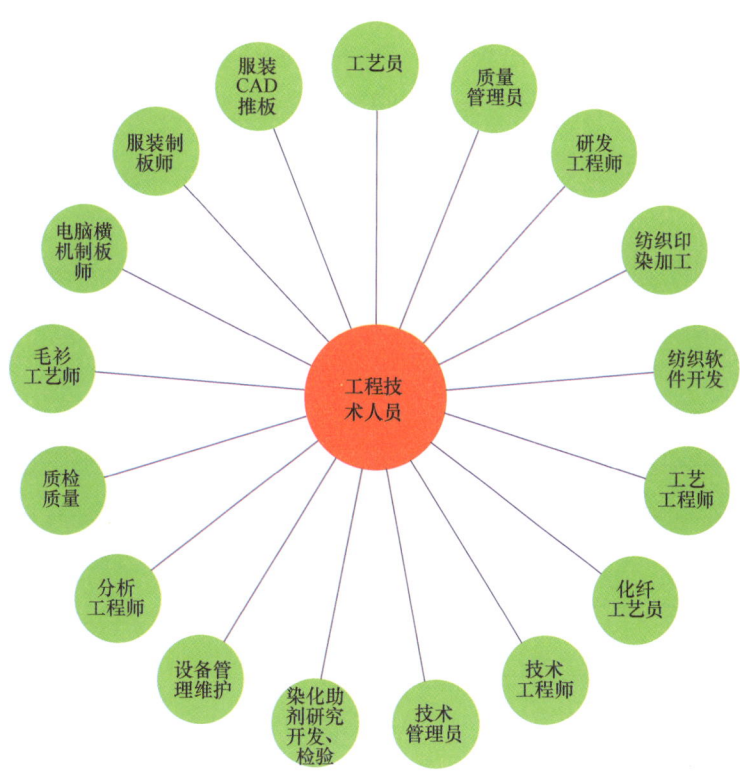

图2-6　工程技术人员职业岗位地图

2.4.1　工艺员

（1）从事工艺员岗位毕业生较多的专业列表（表2-4）

表2-4 从事工艺员岗位毕业生较多的专业列表

序号	专业名称
1	现代纺织技术
2	材料科学与工程
3	材料成型及控制工程
4	纺织品设计
5	染整技术
6	针织技术与针织服装
7	服装制板与工艺
8	轻化工程

（2）岗位毕业生代表案例

俞惠平，岗位是工艺员岗，毕业于常州纺织服装职业技术学院现代纺织技术专业，毕业时间是2013年。现就职于常州天宏纺织有限公司。毕业后一直从事面料的来样分析工作，偶尔做一些业务方面的工作。他认真苦干，脚踏实地，不断地进行新产品研发与产业改进，因而得到企业的赏识和关注，将其作为企业的青年后备干部培养。

2.4.2 质量管理员

（1）从事质量管理员岗位毕业生较多的专业列表（表2-5）

表2-5 从事质量管理员岗位毕业生较多的专业列表

序号	专业名称
1	材料科学与工程
2	材料成型及控制工
3	现代纺织技术
4	纺织品设计
5	服装制板与工艺

（2）岗位毕业生代表案例

周桂平，岗位是质量管理员岗，毕业于江苏工程职业技术学院现代纺织技术（纺织工艺）专业，毕业时间为2014年，就职于江苏联发纺织股份有限公司。他在企业担任技术科工艺员，负责单元9的质量检测。该岗位专业性要求较高。

2.4.3 研发工程师

(1) 从事研发工程师岗位毕业生较多的专业列表（表2-6）

表2-6　从事研发工程师岗位毕业生较多的专业列表

序号	专业名称
1	材料工程
2	现代纺织技术
3	纺织化学与染整工程
4	应用化学
5	纺织工程
6	纺织生物材料技术

(2) 岗位毕业生代表案例

A. 郭莎莎，岗位是研发工程师岗，毕业于东华大学纺织工程专业，毕业时间为2014年。现就职于奥托立夫（上海）汽车安全系统研发有限公司，主要从事汽车安全气囊纺织品的研发、技术支持等工作，涉及尼龙66机织面料、无纺布、缝纫线等纺织产品。需要熟悉家纺染整流程及其他后整工序及要求；熟悉纺织品助剂、化学品，了解它们的性能和使用；能够分析、处理相关产品开发过程中出现的不合格原因；组织培训与实施；维护现有产品，对软件新功能、新需求进行更新。

B. 孙世元，岗位是研发工程师，毕业于东华大学纺织生物材料技术专业，博士毕业时间是2012年，现就职于嘉兴市质检院。主要从事科研及管理工作，着力于提升食品安全的检测技术、标准化技术和产业化示范应用，通过科研项目成果的转化应用、示范、推广，确保广大人民群众吃上放心食品，有力地促进了食品行业的健康有序发展。并为材料及相关产业提供高效、便捷的技术服务，助推材料相关产业转型升级和战略性新兴产业发展，更好地发挥高端智力在推进地方经济发展中的积极作用，促进经济转型升级，为地方经济社会发展提供更加强有力的可持续的智力支持和科技支撑。还要严格执行国家有关科研工作及经费的相关规定，加强科研工作的监督，同时也通过对科研工作的监督，保证了科研工作的质量，促进了科研工作健康快速发展。

2.4.4 纺织印染加工

（1）从事纺织印染加工岗位毕业生较多的专业列表（表2-7）

表2-7 从事纺织印染加工岗位毕业生较多的专业列表

序号	专业名称
1	染整技术
2	轻化工程

（2）岗位毕业生代表案例

谭文豪，岗位是染纱工艺员岗，毕业于武汉纺织大学轻化工程专业，毕业时间为2015年。现就职于广东溢达纺织有限公司，主要处理染纱工艺中设备、配方及流程等问题。工作环境一般，需经常下车间做实验，总结汇报较多，稍有压力。

2.4.5 纺织软件开发

（1）从事纺织软件开发岗位毕业生较多的专业列表（表2-8）

表2-8 从事纺织软件开发岗位毕业生较多的专业列表

序号	专业名称
1	数字纺织工程

（2）岗位毕业生代表案例

罗彪，岗位是软件开发岗，毕业于东华大学数字纺织工程专业，硕士研究生，毕业时间为2014年。现就职于上海航空工业（集团）有限公司，主要负责纺织品产业链科技研发工作（面料辅料开发，面料分析），制订各种开发办的生产流程方案并跟进生产。纺织软件能够更好地解决仓库和账务的管理问题。企业内部环境较好，工作氛围融洽。需要认真，有耐心。要求掌握较强的计算机技术，能独立分析处理各种生产问题，熟悉各种纺纱工艺及原料特点，如环锭、SIRO纺、OE纺、MVS纺、MJS纺、紧密纺等。

2.4.6 工艺工程师

（1）从事工艺工程师岗位毕业生较多的专业列表（表2-9）

表2-9 从事工艺工程师岗位毕业生较多的专业列表

序号	专业名称
1	高分子材料与工程

续表

序号	专业名称
2	工业工程（理工类）
3	工业设计
4	无机非金属材料工程
5	纺织工程专业
6	材料学

（2）岗位毕业生代表案例

廖明辉，岗位是工程师岗，毕业于成都纺织高等专科学校高分子材料加工技术专业，大专，毕业时间为2009年。现就职于盛虹集团中鲈科技有限公司，2007年7月入职国家特大型企业——盛虹集团；2008年担任盛虹集团盛虹化纤工艺员；2011年担任盛虹集团中鲈科技纺丝车间工艺工程师；2012年担任盛虹集团国望高科纺丝车间工程师，年收入约20万元。盛虹集团位列中国企业500强第182位，集团先后被评为"中国工业大奖表彰奖"、"国家技术创新示范企业"、"全国循环经济先进单位"、"国家火炬计划重点高新技术企业"。

2.4.7 化纤工艺员

（1）从事化纤工艺员岗位毕业生较多的专业列表（表2-10）

表2-10 从事化纤工艺员岗位毕业生较多的专业列表

序号	专业名称
1	高分子材料加工技术
2	非织造材料与工程专业

（2）岗位毕业生代表案例

雷彬，岗位是车间工艺主任岗，毕业于成都纺织高等专科学校高分子材料加工技术专业，大专，毕业时间为2007年。现就职于盛虹集团盛虹化纤有限公司，2007年7月入职国家特大型企业——盛虹集团；2009年获得了苏州市技术员职称资格；2010年获得助理工程师职称资格；2012年7月至今任盛虹集团盛虹化纤纺丝二部四车间工艺主任，年收入约20万元。

2.4.8 技术工程师

（1）从事技术工程师岗位毕业生较多的专业列表（表2-11）

表2-11　从技术工程师岗位毕业生较多的专业列表

序号	专业名称
1	纺织材料与纺织品设计
2	纺织工程
3	材料科学与工程
4	非织造材料与工程专业
5	包装工程
6	染整技术
7	高分子材料与工程
8	染整工程

（2）岗位毕业生代表案例

A. 张中伟，岗位是技术工程师岗，毕业于东华大学纺织材料与纺织品设计专业，硕士研究生，毕业时间为2014年。现就职于上海普利特复合材料股份有限公司，主要任务是材料前沿开发，对自己的工作觉得很满意。他目前想在公司做技术方面工作，最后希望做管理。工作地点在工厂，工作环境并不太好，但与同事相处得很好，该岗位与纺织与高分子材料密切相关，因此要求极丰富的专业知识。

B. 于波，岗位是生产部长兼技术工程师岗，毕业于常州纺织服装职业技术学院染整技术专业，大专，毕业时间为2006年。现就职于佛山市顺德彩辉纺织有限公司，2006年毕业至今，一直从事丝光棉面料的染整生产技术与管理，从基层技术员到高层管理，从江苏苏州一直追随公司领导来到广东佛山生产基地，并通过技术革新和管理革新，每年为单位多创造效益300万元以上。

2.4.9 技术管理员

（1）从事技术管理员岗位毕业生较多的专业列表（表2-12）

表2-12　从技术管理员岗位毕业生较多的专业列表

序号	专业名称
1	非织造材料与工程

续表

序号	专业名称
2	高分子材料与工程
3	轻化工程专业
4	纺织工程专业
5	纺织品装饰艺术设计
6	染整技术
7	服装设计与工程
8	现代纺织技术
9	服装制板
10	纺织品设计

（2）岗位毕业生代表案例

A. 吴景嘉，岗位是技术管理岗，毕业于北京服装学院轻化工程专业，本科，毕业时间为2004年。现就职于三义精细化工（苏州）有限公司，主要负责销售、技术服务、应用技术中心客服。经过污染环境行业洗牌的寒冬，现在踏入绿色染整节能环保的朝阳，办公环境舒适舒畅，工作环境良好，需要严谨、坚持、拼搏的精神，在岗位上兢兢业业。

B. 秦鹏，岗位是工艺主任岗（负责工艺管理），毕业于常州纺织服装职业技术学院现代纺织技术专业，大专，毕业时间为2013年。现就职于江苏盛虹科技股份有限公司，2007年9月进入公司工艺岗位实习，毕业后一直从事DTY工艺岗位工作。目前主要负责工艺质量检验与管理、新品的开发及客户使用情况跟踪及改进。近两年，整个纺织行业进入低谷期，部分化纤相关企业减产、倒闭，行业进行洗牌。产品同质化竞争激烈，但是一些差别化纤维、功能性纤维市场依然乐观。另外，由于国家对环保的重视，环保绿色纤维逐渐会凸显出来。

2.4.10 染化助剂研究开发、检验

（1）从事染化助剂研究开发、检验岗位毕业生较多的专业列表（表2-13）

表2-13　从事染化助剂研究开发、检验岗位毕业生较多的专业列表

序号	专业名称
1	轻化工程专业
2	染整技术
3	纺织品检验与贸易
4	纺织工程
5	非织造材料与工程
6	高分子材料与工程

（2）岗位毕业生代表案例

胡雪，岗位是染化助剂实验师岗，毕业于常州纺织服装职业技术学院染整技术专业，大专，毕业时间为2013年。现就职于苏州联胜化学有限公司，工作内容是依据市场客户来样要求，选择合适的样品，与公司产品初步对比实验，与工程师沟通调整产品配方，确定公司产品，进行实验数据传递，制作实验报告，确保及时准确。

2.4.11　设备管理维护

（1）从事设备管理维护岗位毕业生较多的专业列表（表2-14）

表2-14　从事设备管理维护岗位毕业生较多的专业列表

序号	专业名称
1	现代纺织技术专业
2	轻化工程
3	化学工程与工艺
4	应用化学
5	非织造材料与工程

（2）岗位毕业生代表案例

黄银强，岗位是设备技术管理岗，毕业于西安工程大学非织造材料与工程专业，本科，毕业时间为2015年。现就职于中银绒业，工作地点在银川，主要从事纺织印染设备的管理工作，需要将工人发现的设备问题及时解决处理，保证设备的正常进行；需要熟知各项设备的基本运行状态；工作环境较好，工作有压力，但在可接受的范围内；相对于该地的发展水平而言，薪资待遇略低。

2.4.12 分析工程师

（1）从事分析工程师岗位毕业生较多的专业列表（表2-15）

表2-15 从事分析工程师岗位毕业生较多的专业列表

序号	专业名称	序号	专业名称
1	纺织复合材料	14	生物工程
2	纺织生物材料与技术	15	纺织化学与染整工程
3	非织造材料与工程	16	生物化工
4	轻化工程	17	生物化学与分子生物学
5	纺织品设计	18	纳米纤维及其杂化材料
6	纺织工程	19	应用化学
7	功能材料专业	20	化学
8	纺织材料与纺织品设计	21	功能与智能材料
9	复合材料与工程	22	材料工程
10	高分子材料与工程	23	生物与仿生材料
11	材料加工工程	24	高分子材料加工技术
12	材料物理化学	25	材料学
13	无机非金属材料工程		

（2）岗位毕业生代表案例

A. 袁常敏，岗位是高级工程师岗，毕业于北京服装学院轻化工程专业，硕士研究生，毕业时间为2003年。现就职于迈图高新材料公司，负责纺织品部门产品的应用，配方开发及复配工艺的改进，以达到最佳使用效果；对销售部同事提供必要培训和技术支持，解决客户疑问及投诉，并对使用过程中出现的问题提供现场技术指导；根据市场需求开发新配方，配合生产部门对成功的新配方进行工业化生产；负责产品的市场推广以及资料维护，包括新产品说明书和市场推广资料的撰写。

B. 李发洲，岗位是总工程师岗，正高级工程师，毕业于天津纺织工学院（现天津工业大学）轻化工程专业，本科，毕业时间为1990年。现就职于中银绒业股份有限公司，工作地点在宁夏，系总工程师，正高级工程师，国家科技支撑计划项目负责人，宁夏回族自治区首席羊绒专家，银川市科协副主席，2008年奥运火炬手，2015年全国纺织工业先进个人，宁夏灵武纺织生态园建设技术总负责人，宁夏灵武市羊绒产业技术带头人之一，《引进绒条加工设备技术改造及工艺改进》项目技术负责人，国家科技部《灵武羊绒产业园区中小企业创新基金集群项目》专家组成员，项目技术负责人，2项火炬计划项目负责人，2006年自治区轻纺行业重点扶持项目负责人之一，是中银绒业50万件羊绒衫项目及阿尔法绒业300吨绒条项目厂房平面设计主要设计人及工艺路线设计人之一。2009年承担国家科技支撑项目《山羊绒加工关键设备与关键技术开发及应用》项目的项目负责人，完成宁夏《山羊绒绒条》地方标准的制定，是宁夏羊绒产业共享技术服务平台项目技术负责人，宁夏灵武纺织生态园建设技术总负责人。

2.4.13 质检质量

（1）从事质检质量岗位毕业生较多的专业列表（表2-16）

表2-16　从事质检质量岗位毕业生较多的专业列表

序号	专业名称	序号	专业名称
1	纺织工程专业	8	高分子材料加工技术
2	轻化工程专业	9	纺织品国际贸易
3	生物化学与分子生物学	10	纺织品检验与商务
4	应用化学	11	现代纺织技术专业
5	化学	12	染整技术
6	现代纺织技术	13	纺织材料
7	非织造材料与工程	14	高分子材料工程

（2）岗位毕业生代表案例

A. 余秋晓，岗位是质量检测岗，毕业于东华大学纺织工程专业，本科，毕业时间为2014年。现就职于欧尚超市，主要负责品质控制。近几年纺织行业的整个大形势不是特别好，中国以前是制造大国，但近几年以来制造重心往印度、菲律宾等地转移，但是毕竟中国是人口大国，所以只要服装做得好，还是有很大需求的。

B. 朱浩然，岗位是产品质量检测岗，毕业于西安工程大学非织造材料与工程专业，毕业时间为2015年。现就职于上海罗莱家纺有限公司，主要从事纺织品成品的质量检测工作，需要将发现的问题及时反馈给技术部，把好质量关；工作要求细致入微，工作环境较好；由于工作地点的关系，工作压力较大；相对于该地的发展水平而言，薪资待遇略低。

2.4.14 毛衫工艺师

（1）从事毛衫工艺师岗位毕业生较多的专业列表（表2-17）

表2-17 从事毛衫工艺师岗位毕业生较多的专业列表

序号	专业名称
1	服装制板与工艺
2	服装制板与工艺

（2）岗位毕业生代表案例

李悦，岗位是毛衫工艺师岗，毕业于江苏工程职业技术学院服装制板与工艺（针织服装技术）专业，大专，毕业时间为2015年。现就职于浙江保利针织有限公司，主要从事服装面辅料选择、毛衫组织设计、针织面料分析及工艺制订，该项工作专业性要求高，使用电脑横机，需熟悉针织技术、针织制板、针织机械原理。

2.4.15 电脑横机制板师

（1）从事电脑横机制板师岗位毕业生较多的专业列表（表2-18）

表2-18 从事电脑横机制板师岗位毕业生较多的专业列表

序号	专业名称
1	服装制板与工艺
2	服装制板与工艺

（2）岗位毕业生代表案例

陈静，岗位是电脑横机制板师岗，毕业于江苏工程职业技术学院服装制板与工艺（针织服装技术）专业，大专，毕业时间为2015年。现就职于江苏泰丰针织有限公司，主要从事制作针织服装样板工作，该项工种专业性要求高，会使用电脑横机，需熟悉针织技术、针织制板、针织机械原理。

2.4.16 服装制板师

（1）从事服装制板师岗位毕业生较多的专业列表（表2-19）

表2-19　从事服装制板师岗位毕业生较多的专业列表

序号	专业名称
1	服装制板与工艺
2	针织服装制板与工艺
3	服装设计与工程
4	服装设计与工程专业
5	针织服装工艺

（2）岗位毕业生代表案例

A. 陆光琳，岗位是工艺编织师岗，毕业于南通纺织职业技术学院针织服装工艺专业，大专，毕业时间为2010年。现就职于宁波申洲针织集团，主要从事品款式制板及工艺制订。行业标准要求高，对专业制板及工艺制订要求较高，手工制板与CAD相结合。长期室内活动，业务量较稳定，需要熟悉服装制板基础知识，了解服装加工设备功能，有耐心、细心、责任心，具备个人提升空间。

B. 温启飞，岗位是服装制板师岗，毕业于成都纺织高等专科学校服装设计与工程专业，大专，毕业时间为2012年。现就职于迦南·温馨成衣定制公司，根据客户的需要去推荐和确定款式、面料，量取尺寸并确认工艺单，再根据客户尺寸和体型来制板、裁剪。随着人们经济收入的增加和对生活品质的追求，高级服装定制不仅是名人和职场精英的需要，大众对穿衣也越来越讲究，服装定制市场前景广阔。根据客户要求量身定制各类高级服装，获得客户认可。

2.4.17　服装CAD推板

（1）从事服装CAD推板岗位毕业生较多的专业列表（表2-20）

表2-20　从事服装CAD推板岗位毕业生较多的专业列表

序号	专业名称
1	服装设计与工程
2	服装与服饰设计
3	服装表演
4	针织服装工艺

(2) 岗位毕业生代表案例

王娜，岗位是CAD推板师岗，毕业于天津工业大学服装设计专业，本科，毕业时间为2013年。现就职于利郎（中国）有限公司，在利郎（中国）有限公司商品技术研发部工作，现主要负责量产CAD推板工作，另一部分工作时间协助板型师完成研发样板。如今服装行业竞争日趋激烈，商业模式的改变，渠道的变革，市场无时无刻不在变化，在追求功能与时尚的基础上，用工艺技术的改革与创新说话，认真做好每一款产品，不断适应市场的发展变化。

2.5 生产和运输设备操作人员

生产和运输设备操作人员指从事产品生产制造，工程施工和运输设备操作的人员及有关人员。纺织服装行业毕业生担任生产和运输设备操作人员大多从事纺织服装相关产业生产、制造等，作为一线员工，是企业运转的核心力量（图2-7）。

职业路径：生产班组长—生产主管—生产经理—部门负责人—高级管理人员。

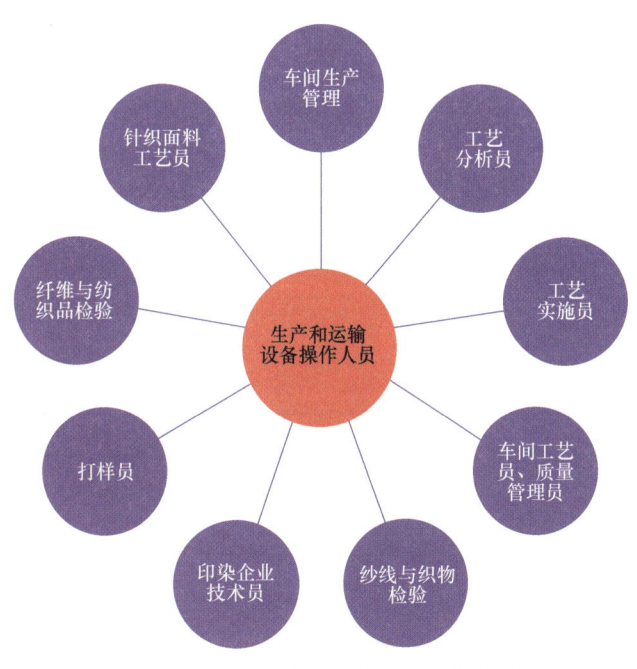

图2-7 生产和运输设备操作人员职业岗位地图

2.5.1 车间生产管理

(1) 从事车间生产管理岗位毕业生较多的专业列表（表2-21）

表2-21　从事车间生产管理岗位毕业生较多的专业列表

序号	专业名称
1	纺织品设计
2	高分子材料加工技术
3	化学工程与工艺
4	轻化工程专业
5	服装制板

（2）岗位毕业生代表案例

段炎斌，岗位是纺织后整理车间班长岗，毕业于西安工程大学轻化工程专业，本科，毕业时间为2015年。毕业以后，一直在车间历练，从生产实践中学到了很多经验。要想真正地将自己学到的理论知识和生产实践相结合，需要放低姿态，从零开始，要受得了煎熬，也要相信，天道酬勤，付出总会有收获。

2.5.2　工艺分析员

（1）从事工艺分析员岗位毕业生较多的专业列表（表2-22）

表2-22　从事工艺分析员岗位毕业生较多的专业列表

序号	专业名称
1	服装制板与工艺

（2）岗位毕业生代表案例

靳舒涵，岗位是针织产品工艺分析岗，毕业于江苏工程职业技术学院服装制板与工艺（针织服装技术）专业，大专，毕业时间为2015年。现就职于江苏泰丰针织有限公司，主要从事制作针织服装样板工作，该项工作专业性要求高，使用电脑横机，需熟悉针织技术、针织制板、针织机械原理。

2.5.3　工艺实施员

（1）从事工艺实施员岗位毕业生较多的专业列表（表2-23）

表2-23　从事车工艺实施员岗位毕业生较多的专业列表

序号	专业名称
1	现代纺织技术
2	现代纺织技术

（2）岗位毕业生代表案例

柏明亚，岗位是工艺实施员岗，毕业于江苏工程职业技术学院现代纺织技术（纺织工艺）专业，大专，毕业时间为2014年。现就职于苏州震纶生物质纤维有限公司，主要学习赛络纺、赛络紧密纺、涡流纺工艺设计，在实验室完成实验和改纺，开出质量达优的纱锭。该岗位需要专业性要求较高，需掌握必需的纺织技术，需经常学习技术，在实验室做好日常工作，掌握必需的纺织技术，完成繁重的实验和改纺。

2.5.4 车间工艺员、质量管理员

（1）从事车间工艺员、质量管理员岗位毕业生较多的专业列表（表2-24）

表2-24 从事车车间工艺员、质量管理员岗位毕业生较多的专业列表

序号	专业名称
1	现代纺织技术
2	纺织品设计
3	服装制板与工艺

（2）岗位毕业生代表案例

祝銮姣，岗位是针织产品品管岗，毕业于江苏工程职业技术学院服装制板与工艺（针织服装技术），大专，毕业时间为2015年。现就职于江苏景盟针织企业有限公司，质量控管员，在懂得专业知识之外最重要的是职业操守和细心。公司接的订单全是外国的，因此对英语语言的要求较高。需要从客人的订单资料里去按客人提出的特殊标准去控制大货的品质，满足客人需求。在工作时必须注重细节，任何的疏忽将导致大货品质无法保证，公司将会被客人投诉以及面临赔款。平时与工厂的一些干部人员的交流与沟通也需要技巧才能得到满意的结果。

2.5.5 纱线与织物检验

（1）从事纱线与织物检验岗位毕业生较多的专业列表（表2-25）

表2-25 从事纱线与织物检验岗位毕业生较多的专业列表

序号	专业名称
1	纺织品检验与贸易

（2）岗位毕业生代表案例

张烜，岗位是实验室主任岗，毕业于南通纺织职业技术学院（现江苏工程职业技术

学院）纺织品检测/国际贸易专业，大专，毕业时间为2005年。现就职于南通金滢纺织产品检测中心有限公司，全面负责实验室日常测实工作和行政管理，定期组织相关实验人员进行专业技术培训，多次主持并参与实验室CNAS、CMA资质认定评审，确保实验室质量管理体系的适宜性、充分性、有效性。专业性要求较高，在江苏省企业研究生工作站、纺织行业中小企业公共服务示范平台、行业技术服务中心等资质的申报中，主持编写申报材料，起到决定性作用。从事过纺织品甲醛检测，进入公司担任过检测员、生态分析室负责人，现主要在实验室管理相关事宜。需具备扎实的专业知识、工作经验和管理能力，曾在2013年第2期市级刊物《南通纺织》以第二作者身份发表《技术力量雄厚检测技术一流——记南通金滢纺织产品检测中心有限公司》一文，对公司的宣传起到一定的作用。

2.5.6 印染企业技术员

（1）从事印染企业技术员岗位毕业生较多的专业列表（表2-26）

表2-26 从事印染企业技术员岗位毕业生较多的专业列表

序号	专业名称
1	染整技术

（2）岗位毕业生代表案例

徐长山，岗位是生产部常务副部长兼计划科长，毕业于江苏工程职业技术学院染整技术专业，大专，毕业时间为2004年。现就职于无锡市联盛印染有限公司，提出创新方案，为企业降本节支、提高生产效率，深受董事长、总经理的器重。专业性要求较高，需要较强的工作能力和工作经验。从生产一线到技术管理、生产管理，工作环境变化，需有较强的技术、管理和创新能力，需全方位了解生产方面的知识，具备扎实的技术，具有管理和创新能力。

2.5.7 打样员

（1）从事打样员岗位毕业生较多的专业列表（表2-27）

表2-27 从事打样员岗位毕业生较多的专业列表

序号	专业名称
1	染整技术

（2）岗位毕业生代表案例

钱科岑，岗位是印染打样岗，毕业于常州纺织服装职业技术学院染整技术专业，大专，毕业时间为2010年。现就职于南通联发印染有限公司，作为一名印染公司的业务员，在公司领导的帮助和培养下，凭借良好的职业道德和突出的业务能力，用三年的时间成长为一名优秀的业务骨干。纵观这几年，全国纺织行业的行情还是不错的。

2.5.8 纤维与纺织品检验

（1）从事纤维与纺织品检验岗位毕业生较多的专业列表（表2-28）

表2-28　从事纤维与纺织品检验岗位毕业生较多的专业列表

序号	专业名称
1	纺织类专业（纺织工程、非织造材料与工程、高分子材料与工程）
2	现代纺织技术

（2）岗位毕业生代表案例

谢方成，岗位是纺织品检验岗，毕业于常州纺织服装职业技术学院现代纺织技术专业，大专，毕业时间为2006年。现就职于常州业勤纺织有限公司，张家港市金陵纺织有限公司质量技术服务中心，从实验员、纺织品检验员、后来升职为实验室主管，负责实验室的建设和纺织品检验及管理。目前担任通标标准技术服务有限公司常州分公司大客户经理，负责大客户的纺织品检验结果审核，并处理检验中存在的问题。作为一个从事纺织品质量检测的专业人员，应该认识测试质量的重要性。为突破欧美市场技术壁垒和绿色壁垒，我们需要提高专业素养，为提高纺织产品的竞争力继续工作。

2.5.9 针织面料工艺员

（1）从事针织面料工艺员岗位毕业生较多的专业列表（表2-29）

表2-29　从事针织面料工艺员岗位毕业生较多的专业列表

序号	专业名称
1	服装制板与工艺
2	针织技术与针织服装

（2）岗位毕业生代表案例

A. 田加亚，岗位是针织面料工艺岗，毕业于南通纺织职业技术学院（现江苏工程职业技术学院）针织技术与针织服装专业，大专，毕业时间为2013年。现就职于江苏景盟针织企业有限公司，主要做经编和提花衬纬服装面料开发，经业务与研发推荐客人选中样本开发大货。针织这个行业属于轻工业，针织面料和风格类型多样，工序也不是特别复杂。工作环境相对较好，劳动强度也适中，对设备的熟练掌握很重要。

B. 谢建平，岗位是针织面料工艺岗，毕业于江苏工程职业技术学院针织专业，大专，毕业时间为2014年。现就职于泉州市尚途鞋服科技有限公司，根据客户提供的样品进行针织鞋面开发和制板。针织鞋面行业经过几年的初步发展，已经基本形成一个从鞋面开发—生产—成型的新行业，拥有广阔的发展前景。工作环境比较好，该岗位是从事鞋面的开发，因而工作时间较长，比较辛苦。该行业是由针织服装和运动鞋结合而产生，目前正处于行业的上升阶段。

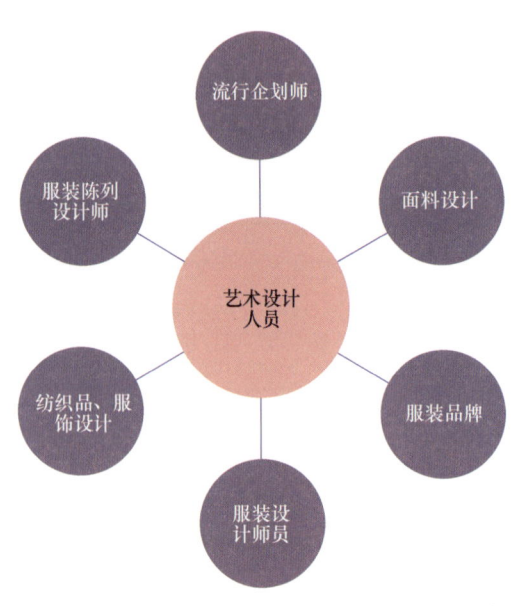

图2-8 艺术设计人员职业岗位地图

2.6 艺术设计人员

艺术设计人员是从事各类造型、产品等艺术与设计的专业人员。纺织服装行业毕业生从事服装设计、产品设计及其他纺织品相关行业设计工作，在时尚领域有较多的从业者（图2-8）。

职业路径：设计助理—设计师—中级设计师—高级设计师—资深设计师—设计总监。

2.6.1 服装陈列设计师

（1）从事服装陈列设计师岗位毕业生较多的专业列表（表2-30）

表2-30 从事服装陈列设计师岗位毕业生较多的专业列表

序号	专业名称
1	服装艺术设计
2	服装营销与管理

续表

序号	专业名称
3	纺织类专业
4	染织艺术设计
5	服装制板与工艺
6	服装与服饰设计

（2）岗位毕业生代表案例

A. 何晴，岗位是陈列规划组组长岗，毕业于浙江理工大学染织艺术设计专业，本科，毕业时间为2013年。现就职于迪赛尼斯公司，对陈列部门的日常工作进行规划，制作开季培训内容、课件研发、季度产品搭配及推广、店铺规划。目前，陈列师在国内具有非常大的发展前景。获得运营团队奖和出国培训学校机会，校园的教育对工作就业有一定的指导作用。

B. 陈仲立，岗位是品牌服装陈列师岗，毕业于西安工程大学服装艺术设计专业，本科，毕业时间为2010年。现就职于深圳玛丝菲尔时装股份有限公司，时尚嗅觉敏锐，对高端女装品牌的风格理念精准把握，对流行创新有高度认知。在中国深圳大浪时尚产业基地，玛丝菲尔大厦总部玛丝菲尔设计中心，参与每一季度的设计企划制作，统筹开发新型面料、花型，主要有大系列和高单价商品的设计、陈列、搭配以及后期的推广、培训。

2.6.2 纺织品、服饰设计

（1）从事服装陈列设计师岗位毕业生较多的专业列表

表2-31 从事服装陈列设计师岗位毕业生较多的专业列表

序号	专业名称
1	艺术设计
2	纺织品设计专业
3	服装与服饰设计
4	产品设计
5	服装设计
6	针织服装

续表

序号	专业名称
7	服装工程

（2）岗位毕业生代表案例

A. 顾怡，岗位是品牌设计师岗，毕业于西北纺织工学院（现西安工程大学）服装设计专业，本科，毕业时间为1989年。现就职于汉帛服饰有限公司，中国服装设计师协会理事、时装艺术委员会委员。1989~2001年任江苏三友集团设计中心主任、首席设计师；2002年至今任浙江汉帛服饰有限公司品牌设计师。1999年荣获"中国十佳时装设计师"称号。

B. 孙小茜，岗位是品牌创始人，毕业于郑州纺织工学院（现中原工学院）服装工程专业，大专，毕业时间为1994年。现就职于北京多丽斯凯服装有限公司，主要根据市场的变化而制订适合本公司的方针、政策，从而稳步地发展。设计师品牌大多以设计师命名或是带有浓重的设计师特点，作品能够体现设计师品味和创意。通常每年两次由设计师设计好产品，通过巴黎、米兰时装周等来展示品牌的内涵和形象，发布流行趋势。设计师品牌个性化、时尚度高，并且和设计师紧密联系在一起。设计师品牌发展的时机已经到来，观察中国服装市场的变化和国际品牌的动向，中国设计师品牌面临良好的发展机遇，今后的几年应该是中国设计师品牌发展的好时机。衣着消费时尚化，市场呼唤设计师品牌。

2.6.3 服装设计师

（1）从事服装设计师岗位毕业生较多的专业列表（表2-32）

表2-32 从事服装设计师岗位毕业生较多的专业列表

序号	专业名称
1	服装与服饰设计
2	服装设计
3	服装设计与工程
4	服装表演与服装设计
5	表演专业
6	服装艺术设计

续表

序号	专业名称
7	针织
8	纺织艺术与设计
9	纺织工程
10	纺织艺术设计
11	染织专业

（2）岗位毕业生代表案例

A. 郭鹤，岗位是男装高级设计师岗，毕业于北京服装学院服装设计专业，本科，毕业时间为2010年。现就职于广州市卡宾服饰有限公司，负责休闲品牌时尚运动系列的规划设计统筹等一系列工作。目前我国男装行业发展还未达到一定高度，国内男士穿衣认知和自身形象塑造还有很大空间，还有很多需求未被挖掘，上升空间巨大。同时由于国内市场国际品牌的深入，男装行业竞争也越来越激烈，直接和全球设计站在了同一个竞争平台，设计部不仅有来自国际一线品牌的总监和主设计，还有来自英国圣马丁的实习生，同时在中国香港有牛仔品牌的设计分部，需要做事认知，遇到困难敢于承担并挑战，在快速的时尚更迭中不断积淀自己并挖掘新的潜力。

B. 王米佳，岗位是主设计师岗，毕业于成都纺织高等专科学校服装艺术设计专业，大专，毕业时间为2009年。中国新锐设计师，深圳七色麻服饰有限公司主设计师，并成立王米佳设计工作室。2006年6月6日在学校发布自己的第一场个人时装"城市—成都"发布会。实习期间，代表母校参加中国真维斯第十七届休闲服设计大赛，荣获中国真维斯第十七届休闲服设计大赛西部金奖。

C. 瞿国清，岗位是男西装与服饰系列产品开发岗，毕业于常州纺织服装职业技术学院服装设计专业，大专，毕业时间为2008年。现就职于常州普灵仕制衣有限公司，进公司后经历了从车间到技术部门的各项锻炼，在岗位实习过程中得到了公司各级领导的关心和爱护，特别是他的师傅，帮助他从学校的学生顺利转变为合格的产品开发人员，他更感谢母校常州纺织服装职业技术学院，教会了他全面的服装设计知识与技能，使他到企业工作以后成长得更快。2011年，他从技术部门选入产品开发部门，工作能力和业绩得到了公司领导的好评，使他跨入了事业发展得很好的平台。

2.6.4 服装品牌

（1）从事服装品牌岗位毕业生较多的专业列表（表2-33）

表2-33　从事服装品牌岗位毕业生较多的专业列表

序号	专业名称
1	服装设计与工程
2	服装与服饰设计

（2）岗位毕业生代表案例

刘铁兵，岗位是产品总监、品牌总经理，毕业于西北纺织工学院（现西安工程大学）服装设计与工程专业，本科，毕业时间为1992年。现就职于深圳汇洁集团股份有限公司，从事内衣行业。内衣行业发展历史约30年，行业市场规模较大（约1000亿元/年），发展增速快（年增约20%）品牌集中度较低。负责汇洁旗下新的互联品牌"COYEEE"（加一尚品）的创建和综合管理（品牌主理人）。

2.6.5 面料设计

（1）从事面料设计岗位毕业生较多的专业列表

表2-34　从事面料设计岗位毕业生较多的专业列表

序号	专业名称
1	艺术设计
2	纺织品设计
3	轻化工程

（2）岗位毕业生代表案例

A. 王蓉，岗位是工艺员兼面料设计员岗，毕业于常州纺织服装职业技术学院服用纺织品设计专业，大专，毕业时间为2006年。现就职于常州丁丁纺织科技有限公司，主要从事来样分析，安排手样，安排大货工艺，安排坯纱采购，纱线检测，安排后整理，面料开发等。纺织行业是个传统行业，在现在竞争压力下，纺织行业也越来越注重开发。开发是企业的灵魂，生存的根本。

B. 库东东，岗位是面料检验岗，毕业于西安工程大学轻化工程专业，毕业时间为2014年。现就职于浙江新生印染有限公司，主要从事染整质量部的面料检验工作，在染整企业里属于最基础的部门，工作环境优良，必须在恒温恒湿中进行，工作服必须每天清洗。

2.6.6 流行企划师

（1）从事流行企划师岗位毕业生较多的专业列表（表2-35）

表2-35 从事流行企划师岗位毕业生较多的专业列表

序号	专业名称
1	服装设计

（2）岗位毕业生代表案例

袁锦，岗位是流行企划师岗，毕业于南通纺织职业技术学院（现江苏工程职业技术学院）服装设计（时装样板方向）专业，大专，毕业时间为2009年。现就职于南京衣妆成服饰实业有限公司，主要设计针对35~50岁年龄层、有一定社会地位和经济基础、有一定的审美能力的高端职业女性的服装。首先要对时尚敏感，时刻关注世界时装的动向，了解目标客群的心理，体会她们对时装的要求，要求款式、面料、色彩、装饰等各种元素都尽可能地展现顾客的身份、地位；其次，不仅在设计方面，在样板上也要求了解各种板型工艺，不仅仅是平面，很多情况下，解构的板型、需要立体裁剪的都需要设计师自己去做；要掌握各种服装面辅料性能。总之，时装设计师已经不仅仅局限于画图而已，而是集设计师、制板师、工艺师等多重角色于一体的多重复合型人才。

2.7 模特及演艺人员

模特及演艺人员是时装表演、影视表演、播音主持及从事相关服务工作的人员。纺织类专业毕业生从事职业模特及相关产业、影视表演及相关产业、播音主持等工作。

职业路径：

新人—艺人—资深艺人—明星——一线明星。形象顾问/培训师—形象顾问地区主管—部门负责人—总监。

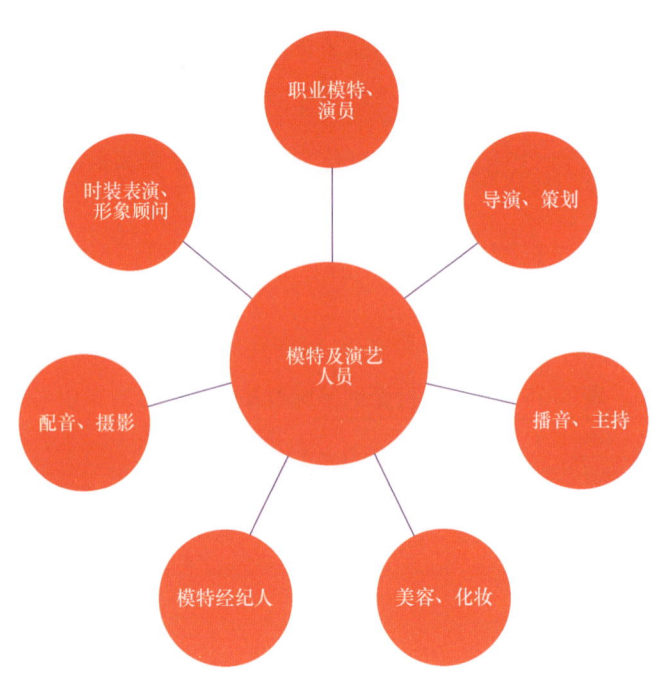

图2-9　模特及演艺人员职业岗位地图

2.7.1 职业模特、演员

（1）从事职业模特、演员岗位毕业生较多的专业列表（表2-36）

表2-36　从事职业模特、演员岗位毕业生较多的专业列表

序号	专业名称
1	服装表演
2	服装表演与服装设计
3	服装表演与市场营销

（2）岗位毕业生代表案例

奚梦瑶，岗位是职业模特，毕业于东华大学服装表演与服装设计专业，本科，毕业时间2011年。现就职于华谊兄弟时尚公司。奚梦瑶与刘雯、秦舒培、孙菲菲并称中国超模"四大金刚"。自从参加2009年的世界精英模特大赛，便开始踏足模特圈，从模特新星到国际超模，如今的奚梦瑶从"时尚界奥斯卡"MET GALA到电影节最高规格的戛纳影展，从秀场、大片到红毯、街拍，成了中国时尚圈的中坚人物，也是最具代表性的超模之一。她天生就具备了超模的潜质，又以非常专业与谦和的态度勤恳工作，在当今时尚圈中十分难能可贵。活泼开朗的性格在国外时尚圈深受好评，古灵精怪的后台靓照在国内外时尚论坛转发不断。她的多才多艺与风趣个性让所有合作者都大加

称赞。身为国际超模，兼任红毯明星、专栏写手、造型师等多重身份，台前幕后，每一次亮相都惊艳十足。

2.7.2 导演、策划

（1）从事导演、策划岗位毕业生较多的专业列表（表2-37）

表2-37　从事导演、策划岗位毕业生较多的专业列表

序号	专业名称
1	服装设计与表演
2	表演
3	服装设计与工程

（2）岗位毕业生代表案例

包捷，岗位是电影制作部主任、总裁助理，毕业于西安工程大学服装设计与表演专业，本科，毕业时间为2009年。现就职于北京载天文房文化有限公司、北京宝亿传奇国际影视文化有限公司，在公司参与策划开发新电影项目，再参与电影拍摄制作流程，最后将成片发行上映。之前做演员，现在做制片人，热爱电影行业，因为它是综合艺术的体现，也为了全方位地体验、感受电影艺术带来的身心享受。

2.7.3 播音、主持

（1）从事播音、主持岗位毕业生较多的专业列表（表2-38）

表2-38　从事播音、主持岗位毕业生较多的专业列表

序号	专业名称
1	表演（播音与主持）
2	表演（影视、戏剧）
3	人物形象设计
4	表演专业（时装表演艺术方向）

（2）岗位毕业生代表案例

范奕，岗位是主持人岗，毕业于东华大学表演专业，本科，毕业时间为2005年。目前就职于北京电视台新闻频道，担任主持人岗位。2006~2008年为成都电视台公共频道主持人记者；2009~2011年为四川电视台新闻频道主持人记者；2011年至今北京电视台主持人记者。从2007年开始从事现场直播工作；2008年参与四川地震抗震救灾；

2009年四川泥石流山体滑坡等重大直播上千场;并于2010年获得金话筒奖,成为金话筒有史以来最年轻的获得者;2011年加入北京电视台,主持《特别关注》、《军情解码》、《红绿灯》等栏目。

2.7.4 美容、化妆

(1)从事美容、化妆岗位毕业生较多的专业列表(表2-39)

表2-39 从事美容、化妆岗位毕业生较多的专业列表

序号	专业名称
1	表演(形象设计与策划方向)
2	人物形象设计
3	服装表演与市场营销

(2)岗位毕业生代表案例

A. 刘琰琪,岗位是电视台化妆师兼自主创业(形象工作室),毕业于常州纺织服装职业技术学院人物形象设计专业,大专,毕业时间为2010年。现就职于南京浦口电视台矢车菊形象工作室,主要从事电视台专业化妆、主持人整体造型工作。工作之余个人自主创业,开设一家婚纱、摄影、私人造型的形象设计工作室,越来越热爱人物形象设计这个行业,也越来越有信心能做好,对职业前景充分有自信。工作环境很好,专业氛围也很浓郁,积极外向,热情充满活力。

B. 魏运来,岗位是艺人化妆岗,毕业于西安工程大学形象设计与策划专业,本科,毕业时间为2013年。现就职于YOUNGLINE,主要为明星艺人化妆,接触国内最前沿的时尚流行趋势以及美妆造型,感受国际时尚的多种风格元素,吸收并且创新,给观者新的审美定位。

2.7.5 模特经纪人

(1)从事模特经纪人岗位毕业生较多的专业列表(表2-40)

表2-40 从事模特经纪人岗位毕业生较多的专业列表

序号	专业名称
1	服装表演与服装设计
2	表演专业
3	服装表演

（2）岗位毕业生代表案例

A. 邹诗倩，岗位是模特经纪人岗，毕业于浙江纺织服装职业技术学院服装表演专业，大专，毕业时间为2014年。现就职于上海火石文化经纪有限公司，火石旗下拥有约60名职业男女模特、艺员和外籍模特，其中不乏获得国际和国内大奖的超级模特和影视新星。Paras火石的目标不仅在于模特艺人的日常经纪业务，它的特色是注重挖掘中国各地区年轻而有潜质的演艺人才，输送到上海进行包括语言、形体、表演等方面的专业培训，对其进行个性化的包装以及拓展他们在模特及影视歌等艺术领域的发展空间，真正做到"星探+培训+经纪"的全方位的人才管理专业运作。火石目前也积极参与到了影视事业中，推出火石自己的明星品牌。

B. 杨房颖，岗位是少儿模特培训教师岗，毕业于浙江纺织服装职业技术学院服装表演专业，大专，毕业时间为2014年。现就职于杭州潮童文化创意有限公司。杭州潮童文化创意有限公司创建于2007年，是一家从事幼儿教育投资、管理、提供幼儿教育相关管理咨询、策划推广的专业公司，是省内仅有的一家集艺术培训连锁经营、童星包装、经纪、商演、活动执行、公关、广告媒体为一体的综合性专业机构。学生在公司内担任少儿模特的培训教师，专业能力得到家长的一致认可。

2.7.6 配音、摄影

（1）从事配音、摄影岗位毕业生较多的专业列表（表2-41）

表2-41 从事配音、摄影岗位毕业生较多的专业列表

序号	专业名称
1	动画
2	人物形象设计
3	纺织工程

（2）岗位毕业生代表案例

王晓，岗位是自主创业，毕业于天津工业大学纺织工程专业，本科，毕业时间为2010年。现就职于南京惠婵婚纱摄影工作室，毕业后先在国有企业从事女装的电子商务运营工作，思维比较活跃，勇于接受新鲜事物，再加上面料等方面的专业知识，目前正在自主创业的路上稳步前行。2011~2014年为江苏苏美达轻纺国际贸易有限公司女装电子商务运营负责人；2012~2014年为江苏苏美达轻纺国际贸易有限公司内网优秀版主；2015年至今自主创业，为南京惠婵婚纱摄影工作室共同创始人。

2.7.7 时装表演、形象顾问

（1）从事时装表演、形象顾问岗位毕业生较多的专业列表（表2-42）

表2-42 从事时装表演、形象顾问岗位毕业生较多的专业列表

序号	专业名称
1	表演
2	服装设计与表演
3	服装表演与市场营销

（2）岗位毕业生代表案例

A. 王雯，岗位是服装造型设计总监岗，毕业于西安工程大学服装设计与表演专业，硕士研究生，毕业时间为2009年。现就职于西安音乐厅。参与设计制作西安音乐厅出品的话剧、儿童剧、歌剧的服装、造型及道具。同时参演拍摄西安音乐厅歌剧、话剧官方宣传广告的拍摄。

B. 曲佳欢，形象顾问岗，毕业于浙江理工大学服装表演与市场营销专业，本科，毕业时间为2015年。现就职于歌力思服饰股份有限公司主要从事专业课程培训、形象整体搭配、销售，是目前国内服装公司相继效仿的工作职位。专业能力要求较高，工作环境很好，位于深圳中心区。能更全面地锻炼自己的同时，工资待遇也很不错，有各种福利、奖励。

2.8 办事人员和有关人员

办事人员和有关人员是指在国家机关、党群组织、企业、事业单位中从事行政业务、行政事务工作的人员和从事安全保卫、消防、邮电等业务的人员。纺织类专业毕业生从事人力资源、行政管理等工作岗位（图2-10）。

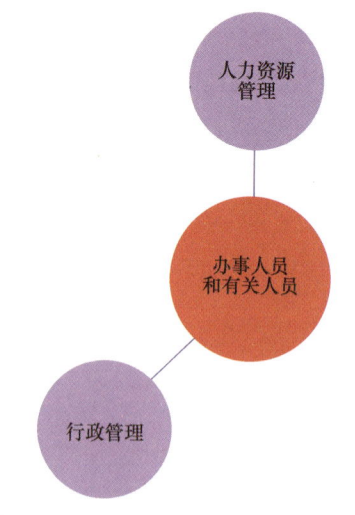

图2-10 办事人员和有关人员职业岗位地图

职业路径：专员—行政主管—部门经理—部门总监。

2.8.1 人力资源管理

（1）从事人力资源管理岗位毕业生较多的专业列表（表2-43）

表2-43　从事人力资源管理岗位毕业生较多的专业列表

序号	专业名称
1	服装设计与工程
2	纺织工程
3	服装设计
4	服用材料设计与应用
5	纺织品检验与贸易
6	现代纺织技术
7	服装表演与营销

（2）岗位毕业生代表案例

刘玉皎，岗位是人力资源部经理岗，毕业于武汉科技学院（现武汉纺织大学）纺织工程专业，毕业时间为2004年。现就职于广东溢达纺织有限公司。大学毕业后至今一直在广东溢达纺织有限公司工作，第一年担任广东溢达针织布厂质量保证部质量分析员，对针织面料的生产工艺和流程有了全面的了解，提高了质量意识，学习了关于质量分析和数据分析方面的一些工具；第二年至第十年内调至订单管理部，分别担任Nike，Brooks Brother，Land's end等品牌的客户跟单员、跟单主管、跟单主任、副经理。了解了相关客户、成衣制作和结构、订单流程以及人员管理方面的系列内容；第十一年内调至人力资源部门，负责企业职能方面的工作，人力资源合作伙伴，利用所掌握的业务知识，学习新的人力资源方面的知识，支持和推动业务部门持续改善。

2.8.2 行政管理

（1）从事行政管理岗位毕业生较多的专业列表（表2-44）

表2-44　从事行政管理岗位毕业生较多的专业列表

序号	专业名称
1	纺织品装饰艺术设计
2	针织工艺与针织服装
3	染整技术
4	现代纺织技术

续表

序号	专业名称
5	纺织工程
6	染整专业

（2）岗位毕业生代表案例

夏韶东，岗位是部门主管岗，毕业于浙江纺织服装职业技术学院染整专业，毕业时间为2009年。现就职于宁波华科纺织助剂有限公司。他的体会是：在工作、生活过程中，人们为了各自的目标时时刻刻在进行交流、沟通。不同的沟通方式直接或间接影响着员工的思想动态。通过沟通工作，员工的工作能力和效率得到充分体现。

2.9 商业和服务业人员

商业和服务业人员是指从事商业、餐饮、旅游娱乐、运输、医疗辅助及社会和居民生活等服务工作的人员（图2-11）。

职业路径：专员—主管—部门经理—部门总监。

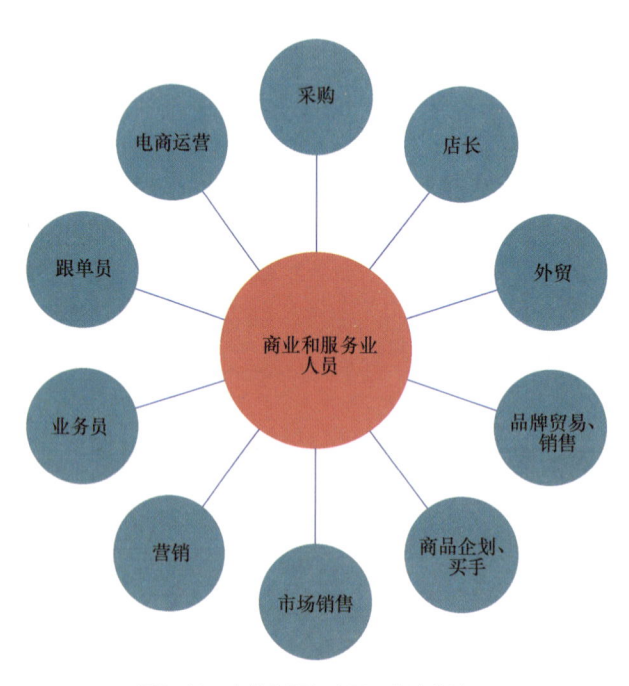

图2-11 商业和服务人员职业岗位地图

2.9.1 电商运营

（1）从事电商运营岗位毕业生较多的专业列表（表2-45）

表2-45　从事电商运营岗位毕业生较多的专业列表

序号	专业名称
1	轻化工程
2	服装制板与工艺

（2）岗位毕业生代表案例

宋瑞敏，岗位是电子商务公司总监岗，毕业于常州纺织服装职业技术学院服装制板与工艺专业，专科，毕业时间为2007年。现就职于江苏红豆实业股份有限公司。自2011年开始接手公司电子商务，这是个全新的服装线上销售领域，挑战性很大，机会也很多，线上销售的理念与线下实体有很大的不同，活动营销策划及产品的视觉表现尤其重要。在他的带领下，一帮年轻人一步一步开始学习熟悉各电商平台。电子商务服装领域中，竞争品牌多，行业规则变化多端，需要有很强的学习力，团队一定要年轻，敢于创新突破，甘于吃苦奉献。每一次机会把握不住，很快市场就被对手挤掉，竞争残酷。他所负责的电商公司经营红豆男装，是个独立的三级实体，拥有自主的产品采购及定价权限，公司赋予的权限比较多，团队118人，平均年龄23.5岁，是个年轻的团队。公司的福利待遇也不错，外地的大学生都有两人一套的宿舍公寓，员工的整体稳定性较高。

2.9.2 采购

（1）从事电采购岗位毕业生较多的专业列表（2-46）

表2-46　从事采购岗位毕业生较多的专业列表

序号	专业名称
1	服装设计与工程
2	服装艺术设计
3	纺织工程
4	轻化工程

（2）岗位毕业生代表案例

A. 徐桂梅，岗位是采购中心总经理岗，毕业于北京服装学院轻化工程专业，毕业时间为2003年。现就职于山东舒朗服装服饰股份有限公司，在舒朗公司从事采购管理工作，负责集团公司女装、童装、家居等多品牌所需的原辅材料以及行政后勤大宗物资的采购管理。经营供应渠道开发及把握时尚产业趋势，具备丰富的全球采购资源，培养良好的供应商体系，打造高效严谨专业的采购管理团队。融合时尚与产业化，把握机遇，推动集团公司品牌战略发展和产业转型升级。随着"互联网+"时代的到来，响应纺织服装行业"十三五"规划的科技创新、绿色发展的产业发展规划，塑造舒朗品牌！

B. 周利，岗位是采购总监岗，毕业于成都纺织高等专科学校服装艺术设计专业，大专，毕业时间为2004年。现就职于福建柒牌集团，任福建柒牌集团供应链采购中心总监、党委书记。2006年担任柒牌集团党支部书记；2008年，被晋江市英林镇评为"优秀共产党员"；2009年，被柒牌集团评为"优秀经理人"；2010年，被柒牌集团评为"优秀党务工作者"；2011年，柒牌集团党支部被晋江市委授予"晋江市非公有制企业党建示范单位""晋江市先进基层党组织"；2013年，被晋江市授予"晋江市十佳青年职业经理人"；2013年，柒牌集团党支部被泉州市委授予"泉州市先进基层党组织"，柒牌集团党支部升格为党委，周利任党委书记。

2.9.3 店长

（1）从事店长岗位毕业生较多的专业列表（表2-47）

表2-47　从事店长岗位毕业生较多的专业列表

序号	专业名称
1	服装设计与工程
2	纺织工程
3	服装营销与管理
4	服装制板与工艺
5	服装设计

（2）岗位毕业生代表案例

A. 张盛，岗位是门店店长岗，毕业于东华大学纺织工程专业，本科，毕业时间为2009年。现就职于迪卡侬体育用品公司，担任门店店长。自2009年于东华大学纺织学院毕业后赴澳洲留学，就读于体育休闲管理专业。2011年9月回国后，开始在迪卡侬公司工作，曾担任一年的部门经理、一年运营经理、半年门店副店长，如今则已晋升为门店店长。门店店长的工作涉及生产管理、供应链、物流体系等各方面，使得其成为宽路径、多方位输出的岗位。职业前景颇为满意，门店、总部、物流、品牌均可申请，多方向发展。谈起成功的原因，皆因为热爱而坚持，日积月累，造成了今日的成就。干工作需要有一个良好的态度和上进的心，并具备一定的英语交流能力。

B. 左文娟，岗位是店长岗，毕业于常州纺织服装职业技术学院服装设计专业，大专，毕业时间为2013年。现就职于波司登羽绒服装有限公司。进入波司登羽绒服装有限公司以来，经历了从销售到陈列再到店长的各项锻炼，在岗位实习过程中得到了公司各级领导的关心和爱护，帮助她从学校的学生顺利转变为合格的企业工作人员，她更要感谢母校教会了她全面的服装陈列设计知识与技能，使她到了企业以后成长得更快。2013年下半年，她从陈列助手、产品销售升为店长，工作能力和业绩得到了公司领导的好评。

2.9.4 外贸

（1）从事外贸岗位毕业生较多的专业列表（表2-48）

表2-48 从事外贸岗位毕业生较多的专业列表

序号	专业名称
1	纺织工程
2	服装设计与工程
3	轻化工程
4	染整技术
5	现代纺织技术
6	纺织品检验与贸易
7	服装与服饰设计
8	服装表演
9	材料科学与工程
10	服装设计样板方向

（2）岗位毕业生代表案例

A. 全建峰，岗位是户外用品公司外贸销售总监岗，毕业于武汉科技学院（现武汉纺织大学）轻化工程专业，本科，毕业时为2009年。现就职于泰普森控股集团，负责公司在北美区域的产品销售、客户维护等事宜。户外用品行业朝气蓬勃，国外市场发展较为成熟，国内市场潜力极大。花园式办公环境，舒适恬静，工作节奏较快，要求能引领客人步伐，先人一步，不拘小节，待人和善，阳光帅气。

B. 姚桂兰，岗位是总经理岗，毕业于南通纺织职业技术学院（现江苏工程职业技术学院）服装设计专业，大专，毕业时间为1992年。现就职于南通赛晖科技发展有限公司。集团公司主要从事面料的研发、服装的设计、生产和销售，是国内服装行业发展较快、经济实力较强的企业之一。公司主要从事外贸服装出口和国内高档自主童装品牌唯路易的设计、生产和销售。并在江苏如皋、南通，上海市分别设有生产加工、国际贸易和自主品牌运营三大基地。公司坚信"传统文化做人，科学管理做事"的理念，坚持全员传统文化的学习与实践，提高每位员工的个人素养，引进国际先进的衣拿电脑化制衣吊挂系统，提高生产力，以创新高。并在同行中率先通过ISO 9001质量体系认证、ISO 14001环境体系认证、GB/T 28001—2011职业健康安全管理体系。

2.9.5 品牌贸易、销售

（1）从事服装品牌贸易、销售岗位毕业生较多的专业列表（表2-49）

表2-49 从事服装品牌贸易、销售岗位毕业生较多的专业列表

序号	专业名称
1	服装设计
2	服装设计与工程

（2）岗位毕业生代表案例

A. 郭瑞江，岗位是设计/贸易管理岗，毕业于北京服装学院服装设计与工程专业，本科，毕业时间为2007年。现就职于迪尚创新中心，负责集团国内贸易开发与管理。其本人行业感受：近年来服装零售与供应链行业在转型，企业发展压力变大，倒闭企业增多。国内贸易也在提升由传统加工贸易或一般贸易，转变为ODM（原始设计制造商）贴牌、供应链综合服务等形式。

B. 常静，岗位是品牌经理岗，毕业于西安工程大学服装设计与工程专业，本科，毕业时间为2012年。现就职于陕西中烟工业有限责任公司，在国家规定范围内针对卷

烟零售户、消费者进行一些陕西本土卷烟的宣传促销工作，目前主要进行销售数据分析、上报以及新品牌推介工作。该行业属于一个夕阳行业，伴随禁烟令以及广告法规定越来越细，行业整体发展不是很乐观，工作环境差强人意，接触的人鱼目混杂，能学到一些东西，但是发展有限。

2.9.6 商品企划、买手

（1）从事商品企划、买手岗位毕业生较多的专业列表（表2-50）

表2-50 从事商品企划、买手岗位毕业生较多的专业列表

序号	专业名称
1	服装设计与工程
2	服装与服饰设计
3	服装表演

（2）岗位毕业生代表案例

A. 苏盼，岗位是、客服、商品企划、买手。毕业于西安工程大学服装设计与工程专业，本科，毕业时间为2013年。现就职于深圳市欧莎世家服饰有限公司。客服工作描述：基本操作大于创新思考，是服务顾客、了解产品以及购物流程引导的角色，注重转化率及响应时间，属于销售部门一份子，并不是核心，可被外包公司取代，工作轮班制，不能规律作息，适合安逸型且有耐心的人从事；商品企划，要求高执行力，需要一定程度分析及创新能力，主要做全年销售额目标拆解、采买规划（OTB）、时间节点、竞品分析、选款、下单、上新等工作，关注销售额、售罄率及库销比，属于公司核心部门之一，需理性和感性思维结合工作；买手，需要有审美观。

B. 杨超越，岗位是品牌服装买手岗（MD），毕业于西安工程大学服装设计与工程专业，本科，毕业时间为2013年。现就职于热风投资有限公司，负责服装品类从前期企划—下单—大货跟进—销售跟踪整个环节。服装行业瞬息万变，想要产生业绩，不仅要准，还要快，是一个和时间赛跑的行业。这是有个有意思且有意义的工作，左手算盘，右手审美。可以经常国内外出差和游玩，同时也可以接触形形色色人和事，收获良多。

2.9.7 市场销售

（1）从事市场销售岗位毕业生较多的专业列表（表2-51）

表2-51 从事市场销售岗位毕业生较多的专业列表

序号	专业名称	序号	专业名称
1	纺织品设计	11	纺织品装饰艺术设计
2	纺织品国际贸易	12	现代纺织技术
3	纺织品检验与商务	13	染整技术
4	高技术纺织品	14	服装设计
5	非织造材料与工程	15	材料科学与工程
6	复合材料与工程	16	针织服装技术
7	高分子材料与工程	17	化学
8	新能源和光电材料方向	18	生物化学与分子生物学
9	医用生物纺织材料与技术	19	纺织工艺与贸易
10	服装设计与工程		

（2）岗位毕业生代表案例

A. 李元振，岗位是销售部经理岗，毕业于常州纺织服装职业技术学院纺织工艺与贸易专业，大专，毕业时间为2013年。现就职于江苏衣天下纺织科技有限公司，从事棉纱销售以及新产品研发工作。毕业至今一直从事纺织工作，纺织行业环境不是太好，2015年以来市场也不景气，竞争非常激烈。但只要产品档次向高端发展，做出自己的特色，还是能在市场上占有一席之地。踏踏实实做事，实实在在做人，是金子总会发光的。

B. 冯秀文，岗位是销售总监岗，毕业于天津纺织工学院（现天津工业大学）纺织工程专业，本科，毕业时间为1999年。现就职于北京邦维高科特种纺织品有限责任公司，历经生产、研发、销售等工作岗位，现担任公司销售总监职务，负责公司的整体销售。公司成立于1994年10月，专业提供军队用特种纺织品和产业用技术纺织品，是领先的功能性和高性能技术纺织品供应商。公司有四个产品事业部，一个合资公司，三个子公司。公司经过20多年的发展，形成六大类产品：军工纺织品，核生化纺织品，特种行业防护，消防、警用与职业安全，生物、医疗及化学防护，救生及安全气密性制品。公司的使命是满足产业技术进步对纺织新材料的需求，公司的理念是专注、专业、不断创新、共同发展。作为这样有使命及理念公司的一名员工，他深感产品的研发及创新对企业发展及对社会贡献的重要性。公司从2002年4000万元的销售额，到2015年合并销售2亿元的销售额，这个过程公司的产品研发和创新起到了决定性的作用。同时，在国家出现的重大危机事件和国家武器发展的关键时刻，公司总是能够紧急动员，快速反应，作出贡献。

2.9.8 营销

（1）从事营销岗位毕业生较多的专业列表（表2-52）

表2-52　从事营销岗位毕业生较多的专业列表

序号	专业名称
1	表演
2	服装设计
3	服装设计与工程
4	针织工艺与针织服装
5	纺织品设计

（2）岗位毕业生代表案例

A. 刘璟，岗位是营销策划岗，毕业于北京服装学院服装设计与工程专业，本科，毕业时间为2011年。现就职于北京趣野科技科技有限公司，主要负责策划产品营销方案，制订推广渠道。需要无限创意能力，制作精美策划案水平，工作环境活跃积极，常常头脑风暴，性格开朗外向，善于与人沟通交流。

B. 陈国光，岗位是浙江直营区域经理岗，毕业于浙江理工大学服装设计与营销专业，本科，毕业时间为2005年。现就职于上海马克华菲捷销商业有限公司，担任浙江直营区经理，负责区域零售管理、团队带教、渠道拓展和维护等相关事务，对区域年度各项指标负责。服装零售行业目前品牌竞争比较激烈，但有危机才有转机，有竞争才有空间，这是一个有业绩才有尊严、有盈利才有未来的时代。责任心强，务实，性格开朗，有团队凝聚力。

2.9.9 业务员

（1）从事业务员岗位毕业生较多的专业列表（表2-53）

表2-53 从事业务员岗位毕业生较多的专业列表

序号	专业名称
1	纺织品国际贸易
2	纺织品检验与商务
3	纺织与面料
4	针织与服装
5	服装设计与工程
6	服装营销与管理
7	服装制板与工艺
8	染整技术

（2）岗位毕业生代表案例

A. 石豪健，岗位是业务员岗，毕业于东华大学纺织工程专业，本科，毕业时间为2014年。现就职于建发（上海）有限公司。他认为目前的岗位所需要的职业技能主要有英语和案例分析的能力。要提升中国服装产业在国际市场上的竞争力，要发展壮大，必须从战略的高度出发，不断提升国际竞争力，加强产业整合，实现大规模产业集群；有针对性地进行行业信息平台建设和企业信息化建设实施虚拟经营；对服装产品质量监督和标准进行修订，使之与国际接轨；加强企业的品牌意识。工作环境很好，公司待遇也不错。要有对业务综合分析的能力，还需要比较熟练地掌握一门外语，可以进行流利的交流沟通。

B. 姚海玲，岗位是业务经理岗，毕业于天津纺织工学院（天津工业大学）纺织工程专业，本科，毕业时间为2009年。现就职于中国香港仁通实业有限公司天津代表处。主要负责与国内的纺织企业联系工厂所需要的进口原料，比如特殊品种的腈纶、莫代尔等差别化纤维，近两年受金融危机及国产低价原料的影响，原料价格有所调整，客户群体也进行了洗牌，主要与一些有实力的大企业合作。近几年倒闭的大型纺织企业很多，纺织企业的发展到了一定的瓶颈期，与复材行业比较，纺织还是比较低迷一些。公司工作环境较优越，领导同事也较团结。公司通过近7年的努力，完成了从纺织原料到复材的转型，并且与跨国企业达成合作协议。

2.9.10 跟单员

（1）从事跟单员岗位毕业生较多的专业列表（表2-54）

表2-54 从事跟单员岗位毕业生较多的专业列表

序号	专业名称
1	服装制板与工艺
2	现代纺织技术（纺织品检测与经贸）
3	针织品工艺与贸易
4	纺织品设计
5	染整技术
6	服装设计（时装商务）
7	生物化工
8	服装营销与管理

（2）岗位毕业生代表案例

A. 姜慧欣，岗位是外贸跟单岗，毕业于东华大学生物化工专业，硕士研究生，毕业时间为2013年。现就职于天津港保税区亨运国际贸易有限公司，主要负责外贸跟单，行业前景良好，需要具备一定的外贸知识，企业重视员工发展。

B. 朱朵，岗位是跟单业务员岗，毕业于常州纺织服装职业技术学院服装制板与工艺专业，大专，毕业时间为2015年。现就职于江苏舜天服饰公司，工厂跟单业务分为经销单和加工单。经销单需要根据客户提供信息，自己采购面辅料，并根据客户货期按时完成并出货等一系列流程的跟踪；而加工单则是客户提供面辅料，工厂只需要帮助客户理单，跟进面辅料到厂时间，及时生产并按时出货。由于服装的多元化及组成要素多，跟单业务比较烦琐，无论是经销还是加工，在生产过程中总会出现各种各样的问题阻碍生产，且接触部门较多，所以较快的应变能力及良好的交流沟通能力至关重要。除此之外，个人的接受能力和后天努力也很重要，同时，还要有强大的心理承受能力和极大的耐心。公司分为六大部门，各部门相互独立且关联，先进的机器设备及高湛的技术工艺，干净整洁的工作场地，本着对客户负责、积极配合客户并与之沟通的态度，努力扩展并壮大。另外，总公司也着重发展本公司自主品牌，让公司不断完善。要求员工善于交流沟通，心理素质强，努力，有耐心。

2.9.11 品牌策划与管理

（1）从事品牌策划与管理岗位毕业生较多的专业列表（表2-55）

表2-55 从事品牌策划与管理岗位毕业生较多的专业列表

序号	专业名称
1	服装艺术设计方向
2	针织服装艺术设计方向
3	服装设计与工程
4	服装与服饰设计
5	服装表演
6	设计艺术学

（2）岗位毕业生代表案例

杨超，岗位是蘑菇街事业部品牌支持岗，毕业于天津工业大学设计艺术学专业，本科，毕业时间为2012年。现就职于杭州时趣信息技术有限公司，从事品牌相关业务工作。电商是一个快速发展节奏迅速的行业。蘑菇街企业的工作环境极其人性化，公司文化自由开放、简单正直，客户第一，工作上追求极致与创新。个人工作态度热诚专注，细致专业。

2.10 企业高级管理人员

高级管理人员是指公司的经理、副经理、财务负责人、上市公司董事会秘书和公司章程规定的其他人员。纺织服装行业毕业生经过在企业踏实、勤奋工作，部分毕业生在企业担任重要岗位（图2-12）。

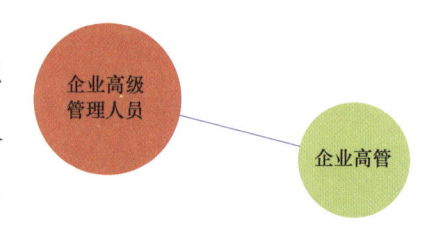

图2-12 企业高级管理人员职业岗位地图

职业路径：职员—部门经理—部门总监—副总经理—总经理。

（1）从事企业高管岗位毕业生较多的专业列表（表2-56）

表2-56 从事企业高管岗位毕业生较多的专业列表

序号	专业名称	序号	专业名称
1	纺织材料与纺织品设计	5	轻化工程专业
2	纺织复合材料	6	化学纤维
3	纺织生物材料与技术	7	纺织印染
4	非织造材料与工程	8	无纺布专业

续表

序号	专业名称	序号	专业名称
9	印染专业	13	纺织工程
10	染整技术	14	染整工程
11	棉织专业	15	服装设计
12	机织专业	16	工美系染织

（2）岗位毕业生代表案例

A. 胡志强，岗位是法人代表、董事长、副主任。毕业于成都纺织高等专科学校印染专业，大专，毕业时间为1987年，现就职于绵阳佳联印染有限责任公司。于1987年7月毕业，现任绵阳佳联印染有限责任公司董事长、法人代表、中国纺织工业学会染整专业委员会副主任。绵阳佳联印染有限责任公司入选中国纺织100强。该公司占地200多亩，拥有六条国内先进的轧染生产线及完整的前处理和后整理设备，月产量达900万米。先后通过了ISO 9001：2008质量管理体系认证、ISO 14001：2004环境管理体系认证以及Oeko-Tex100生态纺织品认证。公司建有西南地区最大的省级印染技术中心，齐全的专业化检测设备仪器，为面料的品质保驾护航。

B. 印柏林，岗位是董事长，毕业于常州纺织服装职业技术学院服装设计专业，本科，毕业时间为1991年，现就职于北京汉德世缔服装有限公司。服装定制已成趋势，从事时尚个性定制，研发从系统选款、三维量体、智能设计、自动制板到自动对条对格输出裁剪及系统智能化生产管理，颠覆行业技术，真正实现互联网加个性化纯定制。

C. 范展华，岗位是副总经理岗，毕业于天津纺织工学院（现天津工业大学）无纺布专业，本科，毕业时间为1997年。现就职于诺斯贝尔（中山）无纺日化有限公司。1998年开始从事面膜产品的研究开发，2004年参与成立诺斯贝尔（中山）无纺日化有限公司并担任副总经理一职。多年来致力于面膜、护肤品的研究，时刻关注护肤市场动态，大胆开拓，勇于创新，潜心研发各类面膜、护肤新品，主持各项新品开发工作。秉承"安全、科研、管理"的公司理念，带领公司的业务团队，使公司不断发展壮大，并与众多知名品牌建立合作关系，使公司的市场发展在行业中处于领先地位。

D. 尹静，岗位是公司董事、副总经理，毕业于东华大学纺织工程专业，硕士研究生，毕业时间为2001年。现就职于上海协大国际贸易有限公司，负责管理公司的一部分外贸ODM业务以及电商品牌"织乎"的总运营。看好行业前景，对于自身处在的状态，仍然需要更上一层楼。对于现在的工作，需要具备人力资源相关专业知识、基本的财务知识、管理工具、技能和沟通技巧，在互联网经济模式下，掌握企业投资、运营、人力资源、营销与供应的变化。

2.11 行业和经济管理人员

行业和经济管理人员是包括行业协会、商会等组织机构的专业人员、专业媒体的记者和编辑、证券公司以及投资机构中纺织服装版块的分析师和研究员等。分布在行业协会、商会、行业相关媒体、行业金融分析板块的纺织类专业毕业生为行业的发展作出了重要贡献，作为行业的监督者和服务人员，行业和经济管理人员是纺织业腾飞的重要力量（图2-13）。

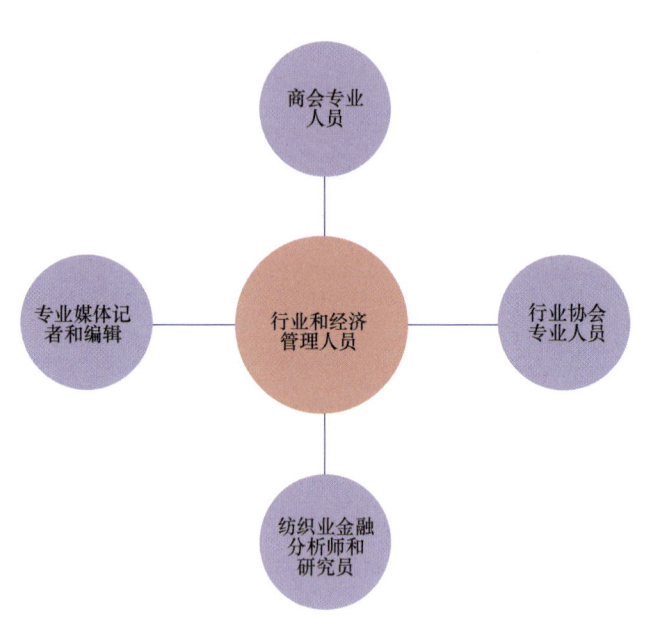

图2-13 行业和经济管理人员职业岗位地图

职业路径：工作人员—部门骨干—部门负责人—协会负责人。

2.11.1 行业协会、商会专业人员

（1）从事行业协会、商会专业人员岗位毕业生较多的专业列表（表2-57）

表2-57 从事行业协会、商会专业人员岗位毕业生较多的专业列表

序号	专业名称
1	纺织化学染整
2	纺织复合材料
3	纺织工程
4	材料加工工程
5	轻化工程专业
6	化学纤维
7	服装设计与工程

续表

序号	专业名称
8	复合材料与工程

（2）岗位毕业生代表案例

A. 张传雄，岗位是行业协会专业人员。毕业于东华大学材料加工工程专业，博士，毕业时间为2008年。现任中国产业用纺织品行业协会秘书长。协会以服务创新为主线，依托公共服务平台、科技服务平台、信息服务平台和标准服务平台为主体的综合服务体系，全面推动行业和企业的发展。能有机会为纺织行业服务，深感使命光荣，责任重大，未来将以助推行业发展为己任，为行业发展尽绵薄之力。

B. 张翠竹，岗位是行业教育基金专业人员。毕业于东华大学（原中国纺织大学）纺化系染整专业，本科，毕业时间为1996年。现任职于纺织之光科技教育基金会，岗位为秘书长。"纺织之光"基金会宗旨是为建设纺织强国，推动纺织行业的科技进步、人才成长。目前，基金会重点支持"纺织之光"科技奖、重点科技成果推广、应用基础研究、教育奖（学生和教师）、教学成果奖、针织内衣创新贡献奖和技能大赛等公益活动。在从事纺织行业的20年里，看到纺织行业科技迅速发展，为国计民生做出了巨大贡献，作为"纺织人"感到骄傲和自豪。

C. 姜川，岗位是行业协会干部。毕业于苏州大学材料工程学院服装专业，硕士研究生，毕业时间为2008年。现任职于纺织人才交流培训中心（原纺织工业部干部培训中心），岗位为综合部主任、工程师。开展行业人才交流和人才培训相关项目策划与组织实施、开展行业远程教育平台运维、组织中心日常事务等工作。有幸进入行业协会组织，非常荣幸参与并见证新世纪我国纺织行业由大到强的历史进程。

2.11.2 专业媒体记者和编辑

（1）从事专业媒体记者和编辑岗位毕业生较多的专业列表（表2-58）

表2-58 从事专业媒体记者和编辑岗位毕业生较多的专业列表

序号	专业名称
1	纺织材料与纺织品设计
2	纺织复合材料

续表

序号	专业名称
3	纺织生物材料与技术
4	非织造材料与工程
5	轻化工程专业
6	化学纤维
7	服装设计与工程
8	纺织工程

（2）岗位毕业生代表案例

董奎勇，岗位是媒体编辑。毕业于东华大学纺织材料与纺织品设计专业，硕士研究生，毕业时间为2003年。现就职于中国纺织信息中心，任副主任。曾任中国纺织信息中心咨询出版部主任、产业发展部主任、副总工程师，中国纺织工业联合会品牌工作办公室副主任。董奎勇同志参与期刊出版工作已有13年，先后担任《纺织导报》编辑、副主编、执行主编、主编，在纺织科技期刊编辑出版领域，已经成为一位专业扎实、业务娴熟、经验丰富的人才，为《纺织导报》的前瞻性、导向性、实用性的打造与发展做了大量富有成效的工作。在担任编辑、副主编、执行主编、主编期间，《纺织导报》先后荣获中央宣传部、国家新闻出版总署、国家新闻出版广电总局等政府部门评定的"第二届国家期刊奖提名奖"、"第三届国家期刊奖百种重点期刊奖"、"全国百强科技期刊"等权威奖项，2004年以来《纺织导报》杂志连续被评为全国中文核心期刊、RCCSE核心期刊，被美国《化学文摘》（CA）、英国《科学文摘》（SA）、俄罗斯《文摘杂志》（AJ）、美国《纺织技术文摘》（TTD）等国际著名数据库收录，2015年《纺织导报》再次入选由国家新闻出版广电总局推荐的"百强报刊"名单。

2.11.3 纺织业金融分析师和研究员

（1）从事纺织业金融分析师和研究员岗位毕业生较多的专业列表（表2-59）

表2-59 从事纺织业金融分析师和研究员岗位毕业生较多的专业列表

序号	专业名称
1	纺织品检验与贸易

续表

序号	专业名称
2	纺织品国际贸易
3	纺织品检验与商务
4	高技术纺织品
5	服装设计与工程
6	复合材料与工程

（2）岗位毕业生代表案例

黄维，岗位金融产品部副总经理。毕业于东华大学设计学专业，硕士研究生，毕业时间为2009年。现就职于上海普兰金融服务有限责任公司，担任产品部副总经理。主要负责金融产品线设计与研发，同时负责用户体验及设计部。2009~2014年在中国外汇交易中心担任交易系统主设计师兼项目经理，参与研发设计新一代全国银行间市场外汇和本币交易系统群；2014~2016年在上海黄金交易所担任市场部产品经理，负责黄金互联网及手机APP交易端研发。

第三部分　部分纺织类专业毕业生案例

在纺织类专业毕业生就业调查中发现，大部分的毕业生能在岗位上长期认真潜心工作，并且不断地学习，坚持作为纺织人的精神和操守。最终他们受到企业的认可、社会的推崇，并成为校友们学习的对象和榜样。

从这些毕业生案例中，挑选了部分毕业生代表，他们可能是耀眼的明星、大企业家或者杰出的学者，也可能只是普普通通的企业员工，但他们都有一个共同的特征——都是纺织人。让我们来一起认识这些纺织人，你在不久将来也许会成为他们的一份子。

1. 程正迪

就职于美国阿克隆大学终身教授，高分子科学与工程学院院长，美国工程院院士、美国物理学会会士、美国科学促进会（AAAS）会士，中国教育部长江讲座学者，东华大学先进低维材料中心主任兼首席科学家。1981年毕业于华东纺织工学院（现东华大学）化学纤维系，博士学历（图3-1）。

主要情况：

图3-1

程正迪在校期间师从我国著名的高分子材料专家钱宝钧教授。曾获美国总统青年科学家奖（1991年）、美国物理学会JOHN H. DILLON奖章（1995年）、北美热分析学会METTLER-TOLEDO奖（1999年）、国际热分析协会TA-Instrument奖（2004年）和美国化学会高分子材料科学与工程的协作科研奖（2005年）等多项奖励。

奠定程正迪在高分子科学界地位的主要是他在三个方面的研究，一是关于高分子凝聚态结构及其相转变做出重要贡献；二是高分子光学薄膜技术及线性和非线性光学材料，应用于液晶显示器和光学通讯器件，获得美国专利和世界专利；三是高性能聚合物纤维与复合材料，应用于航空航天领域。他说高分子晶体和结晶不是一个新的研究领域，但他坚持走下去最终取得了新的突破。他常跟他的学生讲，选科研方向只选热点，跟着别人的科研题目走是没有用的。搞科学研究没有科学的态度，不走科学的道路是不能成功、不能持续发展的。说到科学家素质，程正迪认为，科学家一定要对科学研究有发自内心的追求和热情。谈起自己，他引用了一句古诗"文章千古事，为官一时荣"，同时用了一句通俗的话来解释："人总要给世界留点什么。"

2. 孙瑞哲

就职于中国纺织工业联合会，担任会长。1985年毕业于华东纺织工学院（现东华大学）染整专业，教授级高工，享受政府特殊津贴专家（图3-2）。

主要情况：

曾任纺织工业部科学技术情报所室主任，中国纺织科学技术信息研究所副所长、所长，中国纺织信息中心副主任，纺织产品开发中心主任，中国纺织工业协会信息部副主任，中国流行色协会常务副理事长，中国纺织工程学会副理事长，中国纺织信息中心主任、党委书记，纺织之光科技教育基金会副理事长、中国纺织工业企业管理协会会长。现任中国纺织工业联合会会长、党委副书记，中国纺织工程学会理事长、中国服装协会会长。

图3-2

3. 陈闻

就职于上海陈闻服装创作工作室，担任d'nim品牌艺术总监。1996年毕业于东华大学服装设计专业，硕士研究生学历（图3-3）。

主要情况：

作为一名设计师，陈闻的职业生涯无疑极为成功。从事服装行业后取得荣誉无数，各大奖项以及项目均榜上有名。其中包括：1998年荣获中国十佳服装设计师称号；1998年为美国总统克林顿一行访华设计服装服饰礼品；北京2008年奥运会颁奖礼仪服饰设计奖；2014亚太经合组织（APEC）会议领导人服装设计工作突出贡献奖等；更是在2015年度问鼎中国时装设计最高奖中国国际时装周时装设计金顶奖。由陈闻担任艺术总监的d'nim品牌是一个中

图3-3

美合作的休闲牛仔品牌。在陈闻的主持下，d'nim品牌将艺术，旅行与牛仔相结合——艺术时尚牛仔的理念和过程打破了传统设计理念的限制，开拓新的思路，促进了不同艺术的跨界融合和交流。这几年d'nim品牌在众多的牛仔品牌中凸显出了自己的独特风格，市场反响也很好。

4. 毕旭东

就职于东威海红东实业有限公司、裕红祥（威海）丝绸公司，担任公司总经理。1983年毕业于山东省丝绸工业学校（现山东轻工职业学院）丝织专业，大专学历（图3-4）。

主要情况：

威海红东实业有限公司、裕红祥（威海）丝绸公司首席代表、威海市裕红祥丝绸文化馆馆长、山东省民间手工艺制作大师。谋划公司发展方向与产品定位，丝绸文化产品开发，市场开拓与运

图3-4

营。丝绸行业是我国传统特色行业，丝绸产品是中国历史、文化的重要载体，有着"卓越、精细、亲和、久远"的特质。然而，由于行业规模小，创新能力弱，行业发展艰难。近年来，行业主动适应经济新常态，提倡把丝绸产品做精、做出时尚、做出品牌，走高端、差异化路线，丝绸行业展现了良好的发展趋势。从事过丝绸生产的基层工作，历任丝织车间主任、技术科长兼设计室主任、文登丝绸工业集团公司二厂厂长、文登丝绸工业集团公司副总经理。1989年调任威海市丝绸公司。1990年自主创业，成立威海红东实业有限公司。

5. 刘全华

就职于清华大学美术学院纤维艺术实验室，担任实验室实验员。1998年毕业于山东省丝绸工业学校（现山东轻工职业学院）织绣设计专业，大专学历（图3-5）。

主要情况：

从事纤维艺术品制作、实验室管理员、学生实训指导教师。参加了历届"从洛桑到北京"国际纤维艺术双年展，作品《大地风情》获第五届"从洛桑到北京"国际纤维艺术双年展铜奖，作品《破与立》获韩

图3-5

国青州国际手工艺双年展优秀奖。纤维艺术是利用纤维材料（自然材料与人工材料）进行创意活动的艺术，应该说不管是从它的材料、工艺还是表现形式上，纤维艺术与纺织艺术设计都有着共同的渊源关系。1998~2007年在林乐成老师纤维艺术工作室从事纤维艺术制作，2007年9月至今在清华大学美术学院纤维艺术实验室担任实验员。在众多艺术家、工艺师眼里，她是世界级的"高比林（Gobelin，一种近乎失传的欧洲皇家壁毯编织工艺）"能手，她的作品令欧洲艺术家也纷纷竖起了大拇指。

6. 王飞

就职于鲁泰纺织股份有限公司，担任公司副厂长。2000年毕业于山东省丝绸工业学校（现山东轻工职业学院）染整技术专业，大专学历（图3-6）。

主要情况：

2000年毕业后进入鲁泰纺织股份有限公司，先后从事拉幅工序挡车工、质量员、工艺员；2004年提升为总计划员；2007年被任命为厂长助理；2013年成为了一名年轻的副厂长。在工作的十几年中，王飞多次被评为先进工作者，技术标兵，劳动模范，"三八"红旗手，巾帼英雄等荣誉称号。纺织产业是国民经济传统支柱产业、重要的民生产业和国际竞争优势明显的产业。近年来，伴随"中国制造2025"与"互联网+"推进，行业新技术、新材料、新工艺应用非常迅速，行业迎来了转型升级的良好发展态势。随着技术进步与纺织设备自动化、智能化、信息化水平的提升，现代纺织企业已经改变了传统行业原先的劳动密集、飞花严重、噪声大、劳动强度大的工作环境。鲁泰纺织坚持"绿色、低碳、环保"可持续发展之路，为职工提供了整洁、高效、安全的工作环境保障。

图3-6

7. 胡金莲

就职于香港理工大学，担任教授。1982年毕业于武汉纺织工学院（现武汉纺织大学），博士学历（图3-7）。

主要情况：

1982年毕业于武汉纺织工学院（现武汉纺织大学），1994年英国曼彻斯特大学博士；2001年，她获得了由美

图3-7

国纤维协会颁发的纤维科学突出贡献奖；2003年，她领导成立了全球首家形状记忆纺织品研究中心，在世界上率先发明了纤维素基形状记忆纺织品，并注册了多项中美专利。同年，她获得了由中国纺织工业协会颁发的杰出研究论文奖，并在第14届中国国家发明博览会上获得了金奖；2004年，她在第38届尤里卡世界发明博览会上获得了银质奖章；2006年，她获得桑麻基金会纺织科技一等奖；2011年，她获得"2011中国纺织学术带头人"的荣誉称号，又被评选为"十佳创新顾问"。最近，她又获得了由AATCC颁发的最佳原创论文奖，并在2011年第39届瑞士日内瓦国际发明展取得银奖。

8. 刘玉皎

就职于广东溢达纺织有限公司，担任人力资源部经理。2004年毕业于武汉科技学院（现武汉纺织大学）纺织工程专业，本科学历（图3-8）。

主要情况：

大学毕业后至今一直在广东溢达纺织有限公司工作，第一年担任广东溢达针织布厂质量保证部质

图3-8

量分析员，对针织面料的生产工艺和流程有了全面的了解，提高了质量意识，学习了关于质量分析和数据分析方面的一些工具。第二年至第十年内调至订单管理部分别担任Nike，Brooks Brother，Land's end等品牌的客户跟单员、跟单主管、跟单主任、副经理。了解相关客户、成衣制作和结构、订单流程以及人员管理方面的系列内容。第十一年内调至人力资源部门负责企业职能方面的，人力资源合作伙伴，利用所掌握的业务知识，学习新的人力资源方面的知识，支持和推动业务部门持续改善。

9. 马飞鸿

就职于陕西伟志品牌运营有限公司，担任设计部经理。2011年毕业于武汉纺织大学服装设计专业，本科学历（图3-9）。

主要情况：

目前负责伟志男装整盘货总开发，开发前期做大主题和系列分主题企划案，制

图3-9

订上会SKU（库存量单位）量，参与各品类选样及评审样衣，负责后期产品棚拍，订货会布展方案，设计部日常事务。从毕业开始从事商务休闲男装工作，深切感受到男装对板型和工艺的讲究，因此毕业的第一份工作在劲霸男装先做了一年制板师，学习劲霸的各品类母板。后来转做男装设计，企业系统板型的学习，对其做设计帮助很大。目前，国内男装行业受到"互联网+"和高级定制的冲击，很多企业都在转型和资源整合。公司对设计师的要求越来越高，设计师不仅要练习男装、女装设计，也要懂板型和设计工艺，因此拥有扎实的专业功底对毕业就业有很大的优势。

10. 周文峰

就职于金富春集团有限公司，担任董事长兼总经理。1982年毕业于浙江丝绸工学院（现浙江理工大学）制丝专业，本科学历（图3-10）。

主要情况：

金富春集团公司的法定代表人，负责重大经营事项的决策。一开始在基层工作，历任公司（厂）的科长、副总、厂长等职务，现任该公司董事长兼总经理。该

图3-10

公司以工业为主、产业多元化，下属子公司分布我国多个省市。近年来，公司注重技术创新，累计开发新产品千余种，并已成为国内真丝面料生产规模最大的企业之一，产品远销美国、西欧、日本等国家和地区。多年来，公司一直稳居丝绸行业竞争力10强企业。中国丝绸行业发展势头迅猛，丝绸产量已居全球第一位，其中茧丝和绸缎可以主导国际市场的生产和价格走势。随着丝绸产业结构的调整和科技的创新，加上人们对真丝绸产品认识的加深，丝绸消费将继续稳步增长。当前，随着"一带一路"国家战略在古老丝绸之路上的重新延展，中国丝绸业将会迎来发展的新契机。

11. 姚玉元

就职于浙江理工大学，担任教师。2004年毕业于浙江理工大学材料学专业，博士学历（图3-11）。

主要情况：

浙江理工大学材料与纺织学院、丝绸学院材料工程系

图3-11

副主任、教授、硕士生导师。他主讲本科生课程《材料学科导论》《高技术纤维》和研究生课程《功能高分子》。主持完成包括1项国家基金、2项合同经费100万元横向项目在内的10余项省部级科研项目,发表论文60余篇(SCI 30余篇),获授权发明专利10余项。一方面始终保持自己纤维材料的特色,与浙江省的传统支柱产业——纺织业紧密结合;另一方面,积极鼓励学科交叉,开展合作研究。该学科在蚕丝蛋白与纤维、差别化纤维材料、功能性高分子材料、产业用纺织新材料等的研究上形成了鲜明的特色。该学科积极发挥人才和科技优势,为加快浙江省产业转型升级,推进区域经济发展做出了应有的贡献。2004年成为一名高校教师,12年来,一直从事教学科研工作,曾被聘为科技指导员、安吉县"特聘专家",现为浙江理工大学材料工程系副主任。

12. 徐琦

就职于杭州麦扑文化创意有限公司,担任公司总经理。2011年毕业于浙江理工大学包装工程专业,本科学历(图3-12)。

主要情况:

杭州麦扑文化创意有限公司的创始人、总经理,全面负责公司各大事项。由他带领的公司是一家以动漫地图创作为主体的公司,是全国唯一一家从事高质量、个性化的旅游地图指向系统的创新型企业,也是浙江省第一家专门从事手绘

图3-12

地图项目的文化创意公司。2015年实现首轮融资500万元,公司"下沙手绘立体地图城市名片"曾被浙江电视台、杭州电视台、《钱江晚报》《杭州日报》《青年时报》等称为"会说话的地图"。文化创意产业是"人脑+文化+计算机"的产物,创业的道路更是布满着荆棘,需要在别人不理解的时候坚持,遭遇挫折的时候坚持,迷茫无助的时候坚持。目前该产业属于朝阳产业,未来前景十分广阔。接下来,将竭力启动全国性手绘地图市场,并且通过线上手机平台结合GPS导航系统,构建出一个"图、文、声、形"并茂的介绍旅游城市手机软件,创造DIY模式,探索生产地图延伸产品。

13. 邱亚夫

就职于山东如意科技集团,担任董事长、总裁。1985年毕业于西北纺织工学院(现

西安工程大学）毛纺织专业，EMBA（高级管理人员工商管理硕士）学位（图3-13）。

主要情况：

第十届全国人大代表，曾获"全国五一劳动奖章""全国劳动模范""全国最受关注的企业家""全国纺织工业劳动模范"等称号。1985年毕业于西北纺织工学院（现西安工程大学）毛纺织专业，北京大学EMBA。其个人一直坚持"科技领先、设计引路、技术支撑"这一发展思路，实施"高技术含量、高质量、高附加值"的高端产品定位，所带领的如意集团先后荣获"全国模范职工之家""全国纺织行业先进集体""中国明星企业"等荣誉。2010年如意纺（高效短流程嵌入式复合纺纱技术）荣获国家科技进步一等奖，是新中国成立60年来中国纺织界纺纱技术领域获得的最高奖项。

图3-13

14. 王训该

就职于澳大利亚新南威尔士大学，担任教授。1986年毕业于西北纺织工学院（现西安工程大学）纺织机械专业，博士学历（图3-14）。

主要情况：

博士生导师，教授。1986年毕业于西北纺织工学院（现西安工程大学）纺织机械专业，在澳大利亚新南威尔士大学获纤维科学与技术专业博士学位，并先后在新西兰Otago（奥塔哥）大学做博士后，在澳大利亚新南威尔士大学任讲师、高级讲师，在澳大利亚迪肯大学任副教授、教授。获得美国纤维学会杰出成就奖，国际纺织学会特别创新一等奖，2002年被英国皇家纺织学会授予院士等。2010年12月获批国家"千人计划"人选。出版或参编学术专著10部，在国际刊物上发表过200多篇学术论文。

图3-14

15. 施楣梧

就职于总后军需装备研究所，教授级高工。1987年毕业于西北纺织工学院（现西安工程大学）纺织材料专业，博士学历（图3-15）。

主要情况：

博士生导师，总后军需装备研究所教授级高工。东华大学兼职博导，四川大学、江南大学等校兼职教授，高分子材料工程国家重点实验室顾问，《纺织学报》编辑委员会常务副主任；中国纺织工程学会副理事长，国家发改委产业协调司轻纺专家。获国家科技进步一等奖2项、二等奖2项，省部和军队科技进步一等奖、二等奖10余项，并获得桑麻纺织科技一等奖2次。已发表研究论文220余篇，其中50余篇被SCI、EI收录；获40余项发明专利和实用新型专利授权，大量研究成果已应用于部队。

图3-15

16. 印柏林

就职于北京汉德服装有限公司，担任董事长。1991年毕业于江苏省常州纺织工业学校（现常州纺织服装职业技术学院）服装设计专业，本科学历（图3-16）。

主要情况：

从事20多年的服装职业，从学习、研究到培训企业历程中深知：行业传统技术与服装市场突变，服装定制需求已不可阻挡，工业化生产技术与定制需求发

图3-16

生了冲突，应有新的科技和技术来应对。作为服装专业人，企业花10多年的时间研发软件数据系统，建立智能化的定制平台。系统功能包含：进入网站平台，自由选择款式和自主设计款式；可以选择面料，并可以直观看到三维的设计效果；可以直接下单核算成本，市场与工厂无缝链接，完全实现4.0管理模式；用手机自拍上传图片，不用量体师上门量体服务；在人体图片上简单画出所需要的款式即可；可以自动出和人体完全一样及想要的款式样板，解决了技术问题和时间成本；可以自动对条对格，自动裁剪输出；产品全部以不黏合顶尖工艺定位；所有产品实现真空包装，解决物流难题。以上九大内容基本是行业空缺，是对行业的颠覆，是真正实现互联网纯个性定制的落

地系统。

17. 于波

就职于佛山市顺德彩辉纺织有限公司，担任生产厂长。2006年毕业于常州纺织服装职业技术学院染整技术专业，大专学历（图3-17）。

主要情况：

2006年毕业至今，他一直从事丝光棉面料的染整生产技术与管理工作，从一名基层技术员逐步成长为单位的高层管理，从江苏苏州一直追随公司领导来到广东佛山生产

图3-17

基地。这一路走来，经历了不同的困难，遇到了各种的障碍，但他深信：世上无难事，只怕有心人。凭着这份执著和追求，他坚持了下来，也正因为有了这些经历，让他做事变得更加成熟与稳重。他目前担任佛山市顺德彩辉纺织有限公司的生产厂长，在工作中坚持以质量为中心，客户利益至上、合作共赢，在行业竞争较为激烈的情况下，公司近几年产值和净利润均稳中有升。与此同时，一直领导团队致力于开发新产品、新技术以及装备技术的转型升级，围绕节能减排开展了一系列工作，不仅产品成本降低，工厂经济效益显著提高，同时环境效益也很明显，通过技术革新和管理革新，每年为单位多创造效益300万元以上。

18. 王蓉

就职于常州丁丁纺织科技有限公司，担任工艺员兼面料设计员。2006年毕业于常州纺织服装职业技术学院纺织品设计专业，大专学历（图3-18）。

主要情况：

我在公司做的工作主要有来样分析、安排手样、安排大货工艺、安排坯纱采购、纱线检测、安排后整理、面料开发等。中国的纺织工业发展到今天，一味地单靠降低成本和扩大规模很难再适应越来越国际化和专业化的行业

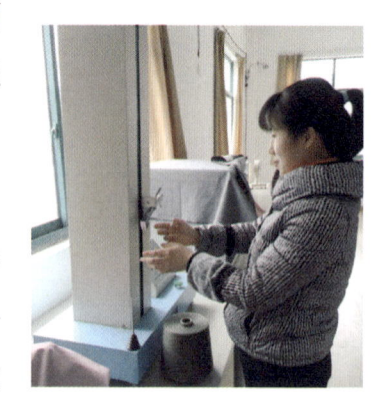

图3-18

发展趋势，行业发展要强调科技贡献率和品牌贡献率。纺织企业要想创造自己的品牌，

纺织材料的开发、选择以及纺织品的设计尤为重要。纺织品设计专业培养具备纺织工程方面的知识和能力,能在纺织企业、科研、教学等部门从事纺织品设计开发、纺织工艺设计、服装设计与工程、纺织生产质量控制、生产技术改造以及具有经营管理初步能力的高级工程技术人才。纺织品设计专业毕业生可在纺织行业、高等院校、科研院所、商检等单位从事纺织品生产、纺织品贸易、教学、科研、开发及市场营销等工作。纺织行业目前已经不仅仅是传统行业,在现在竞争压力下,纺织行业也越来越注重开发和创新。开发是企业的灵魂,生存的根本。

19. 刘伟宁

就职于天润服饰有限公司,担任总经理。1993年毕业于郑州纺织工学院(现中原工学院)纺织工程专业,本科学历(图3-19)。

主要情况:

1993年毕业后到宁波纺织品联合进出口有限公司工作5年,从事针织外贸服装的业务,期间积累了丰富的服装外贸经验,熟悉了整个业务流程,之后自主创办

图3-19

了宁波天润服饰有限公司。目前公司员工100余人,年产值约人民币2000万元,每年上缴税收约人民币100万元。创业这二十多年来,经历过服装外贸由红红火火到日渐冷淡,经历过金融危机,经历过原材料价格飞涨,但他依然不忘初心,一直以"中工人"而自豪。

20. 孙小茜

就职于北京多丽斯凯服装有限公司,担任设计师。1994年毕业于郑州纺织工学院(现中原工学院)服装工程专业,大专学历(图3-20)。

主要情况:

在创始人的位置上一定要掌握市场,根据市场的变化而制订

图3-20

适合本公司的方针、政策,从而稳步地发展。设计师品牌大多以设计师命名或是带有浓重的设计师特点的服装品牌,产品体现设计师品味和创意。通常每年由设计师设计

好产品，通过巴黎、米兰时装周来展示品牌的内涵和形象，发布流行趋势。观察中国服装市场的变化和国际品牌的动向，中国设计师品牌面临良好的发展机遇，今后的几年应该是中国设计师品牌发展的好时机，衣着消费时尚化，市场呼唤设计师品牌。法国能孕育出如此多的顶级时尚品牌与其浓厚的时尚氛围不无关系，法国人天生的浪漫和优雅使他们有良好的时尚消费习惯。购物、用餐、访友都要有不同的服装和配饰，正是这种对时尚的需求促进了时尚产业的发展。

21. 叶宗材

就职于迪卡侬（法国）公司，任针织面料采购主管。2011年毕业于中原工学院轻化工程专业，本科学历（图3-21）。

主要情况：

主要负责供应商管理、质量管控，管理供应商达到审核目标。质量审核建立生产控制方案，改善供应商质量体系、工业化管理，与法国产品设计师和工艺师完成产品的开发，并管理产品工业化，确保供

图3-21

应商流程是稳定的、合格的和有利润空间的，确认技术要求是可行的，基于工艺流程及供应商技术能力。受到东南亚市场的低成本冲击，我们针织采购部门面临着将采购内容往东南亚等低成本国家迁移的趋势。质量、交期、成本是采购环节的铁三角，目前在纺织品采购中，质量及交期是中国供应商的优势，所以成本控制是重要的研究方向。我们也在跟供应商研究精益管理及产品工业化过程中的持续改善，不单单是以往的买卖关系，而且一起研究如何保持供应商的持续竞争力，供应商和采购者更加紧密地合作，强调集中采购，持续改善战略伙伴的合作方式。于个人而言就是更频繁地出差，更紧密地联系供应商做优化成本的项目，更加看重中国本地的销售市场。

22. 方新宇

就职于芬兰世家皮草公司，担任北京代表处首席代表兼传播经理。1996年毕业于北京服装学院服装设计与工程专业，研究生学历（图3-22）。

主要情况：

芬兰世家皮草公司是世界四大皮草拍卖行之一，也是唯一一家上市的皮草拍卖行。由于代表处的性质，所以人手少、任务杂，需要一人身兼数职，既要有处理事务性工作的踏实、严谨，又要有市场推广工作所需要的开拓创新能力，需要传播工作需要的中英双语写作能力，也需要沟通谈判的技巧与谋略。中国是目前全球最大的皮草服装生产国和主要消费市场。由于他在时装行业的教育和工作背景，让他有充分的资源和较强的能力把世家皮草的原料和设计创新推介给中国时装品牌、设计师和媒体，让皮草与时装结合得更紧密。先后在中国服装设计师协会和北京服装学院工作，得益于外部的环境优势，得以对服装行业有了全面和深刻的认识，从基层岗位开始一步一个脚印，个人能力和素质得到了逐步的提高。在中国服装设计师协会工作期间，积累了大型活动、赛事的组织和策划经验。

图3-22

23. 郭鹤

就职于广州市卡宾服饰有限公司，担任男装高级设计师。2010年毕业于北京服装学院服装设计专业，本科学历（图3-23）。

主要情况：

广州市卡宾服饰有限公司（中国）有限公司的母体是中国香港卡宾时装贸易公司，集开发、生产、销售于一体的香港企业母体是香港卡宾时装贸易公司。卡宾服饰实行了国际连锁专卖的市场经营，在中国大部分城市均设有连锁机构。卡宾服饰坚持着一贯的舒适与原创，致力向社会大众提供感性、前卫、自由气息的时尚服饰。本人负责卡宾服饰休闲品牌时尚运动系列的规划设计统筹等一系列工作，为满足国内男士穿衣认知和自身形象塑造需求的多样化，不断开发拓展新产品，扩宽销售渠道。同时，进一步加强与业界的交流与

图3-23

传播，加深国内市场国际品牌的深入，在竞争日益激烈的男装行业，直接和全球设计站在了同一个竞争平台。公司坐落服装产业发达的珠三角，工作地点位于核心商圈广州东站附近，出行中国香港异常方便。设计部不仅有来自国际一线品牌的总监和主设计，还有来自英国圣马丁的实习生，同时在中国香港有牛仔品牌的设计部。

24. 徐桂梅

就职于山东舒朗服装服饰股份有限公司，担任采购中心总经理。2003年毕业于北京服装学院轻化工程专业，本科学历（图3-24）。

主要情况：

从母校北京服装学院毕业至今在舒朗公司从事采购管理工作，负责集团公司女装、童装、家居等多品牌所需的原辅材料以及行政后勤大宗物资的采购管理。经营供应渠道开发及把握时尚产业趋势，具备丰富的全球采购资源，培养良好的供应商体系，打造高效严谨专业的采购管理团队。融合时尚与产业化，把握机遇，推动集团公司品牌战略发展和产业转型升级。随着"互联网+"时代的到来，响应纺织服装行业"十三五"规划的科技创新、绿色发展的产业发展规划，塑造舒朗品牌！

图3-24

工作成就：女装、童装、家居等多品牌原辅材料集团采购中心总经理；十多年采购经验，集团公司国内外多渠道开展工作；荣获企业多项奖项；拥有专业的采购团队，掌握全球市场流行元素，并将时尚元素与专业相结合。

25. 张烜

就职于南通金滢纺织产品检测中心有限公司，担任实验室主任。2005年毕业于南通纺织职业技术学院（现江苏工程职业技术学院）纺织品检测/国际贸易专业，大专学历（图3-25）。

主要情况：

全面负责实验室日常测试工作和行政管理，定期组织相关实验人员进行专业技术培训，多次主持并参与试

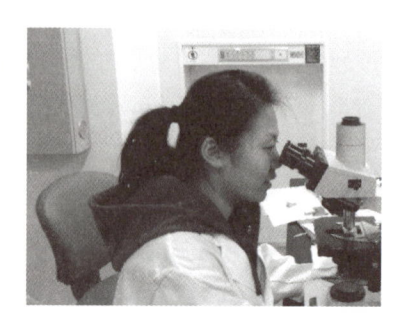

图3-25

验室CNAS、CMA资质认定评审，确保实验室质量管理体系的适宜性、充分性、有效性。专业性要求非常高，在江苏省企业研究生工作站、纺织行业中小企业公共服务示范平台、行业技术服务中心等资质的申报中，主持编写申报材料，起到决定性作用。从事过纺织品甲醛检测，进入公司担任过检测员、生态分析室负责人，现主要负责实验室管理相关事宜。

26. 姚桂兰

就职于赛晖集团，担任董事长。1992年毕业于南通纺织职业技术学院（现江苏工程职业技术学院）服装专业，大专学历（图3-26）。

主要情况：

主要从事面料的研发、外贸服装出口和国内高档童装的设计、生产和销售管理。2002年创办了赛晖纺织

图3-26

服装公司，自2005年起，公司已全部实现了电脑ERP精细化管理，在江苏如皋、南通、上海分别设有生产加工、国际贸易和自主品牌运营三大基地。秉承"迅速反应、马上行动"的企业作风和"品质至上、信誉为本"的经营理念，与日本东丽国际、三菱商事、丰岛株式会社等建立了长期、稳定的合作关系。

从学校毕业后，先后担任厂里工艺员、部门经理、总经理等职，2002年，企业股权转让，勇往直前，创办南通赛晖服装有限公司并就任董事长兼总经理。经过数年发展，目前拥有12个子公司，10家工厂，拥有从织造、漂染、印花、绣花到缝纫、成衣、检整，一条龙全套机器设备生产线。用"传统文化做人，科学管理做事"的理念，坚持全员学习与实践来提高员工的个人素养。敢于拼搏创新，率先引进国际先进的电脑化制衣吊挂系统，并在同行中率先通过ISO 9001质量体系认证、ISO 14001环境体系认证、GB/T 28001—2011职业健康安全管理体系。

27. 徐长山

就职于无锡市联盛印染有限公司，担任生产部副部长兼计划科长。2004年毕业于南通纺织职业技术学院（现江苏工程职业技术学院）染整技术专业，大专学历（图3-27）。

主要情况：

最初在印染车间一线工作，边学习边实践，专业技能得到了很大的提高。现从事中高档特宽幅家纺印染生产管理，同时管理外贸和内销业务。专业性要求很高，需要较强的工作方法和协调能力。多次提出创新方案，为企业降本节支、提高生产效率。从生产一线到技术管理、生产管理，面对工作环境变化，利用较强的专业技能，不断创新，挑战自我，成为技术和管理的多面手。工作中需要全方位了解印染生产方面的知识，具备扎实的技术，在工作中敢想敢为，经常性提出生产的合理化建议，多次得到采纳，具有较强的管理和创新能力。

图3-27

28. 胡志强

就职于绵阳佳联印染有限责任公司，担任董事长。1987年毕业于成都纺织工业专科学校（现成都纺织高等专科学校）印染专业，大专学历（图3-28）。

主要情况：

1987年7月毕业于成都纺织工业专科学校（现成都纺织高等专科学校）印染专业，现任绵阳佳联印染有限责任公司董事长，法人代表，中国纺织工业学会染整专业委员会副主任。绵阳佳联印染有限责任公司是中国纺织100强企业，该公司占地200多亩，拥有6条国内先进的轧染生产线及完整的前处理和后整理设备，月产量达900万米。先后通过了ISO 9001：2008质量管理体系认证、ISO 14001：2004环境管理体系认证以及Oeko—Tex100生态纺织品认证。公司建有西南地区最大的省级印染技术中心，齐全的专业化检测设备仪器，为面料的品质保驾护航。

图3-28

29. 温启飞

就职于迦南·温馨成衣定制有限公司，担任服装制板师。2012年毕业于成都纺织高等专科学校服装设计与工程，大专学历（图3-29）。

图3-29

主要情况：

温启飞，2009~2012年就读于成都纺织高等专科学校服装设计与工程专业，现任迦南·温馨成衣定制制板师。工作内容是根据客户的需要推荐和确定款式、面料，量取尺寸并确认工艺单，再根据客户尺寸和体型制板、裁剪。随着人们经济收入的增加和对生活品质的追求，高级服装定制不仅仅是名人和职场精英需要，大众对穿衣也越来越讲究，服装定制市场前景广阔。

30. 王米佳

就职于深圳七色麻服饰有限公司、王米佳设计工作室，担任主设计师。2009年毕业于成都纺织高等专科学校服装艺术设计专业，大专学历（图3-30）。

主要情况：

王米佳，中国新锐设计师，深圳七色麻服饰有限公司主设计师，并成立王米佳设计工作室。2006年6月6日在学校发布自己的第一场个人时装"城市—成都"发布会。实习期间，代表母校参加中国真维斯第十七届休闲服设计大赛，荣获中国真维斯第十七届休闲服设计大赛西部金奖。

2014年被四川文艺广播电台评为"年度时尚人物"；与中国顶级时尚杂志《时尚COSMO》杂志合作下一站女神活动成都站活动，为搭配服装设计师；作为化妆造型总监参加"中法50周年"，与国际声音装置艺术展合作；英国著名服装品牌PAUL SMITH，携中国独立设计师王米佳成都IFS举办贵宾私享会；与日本全名彩妆品牌KATE合作，参与KATE大中华区品牌升级活动。2015年参加广州亚运村"温碧泉超级盛典"与李宇春、谭维维、刘涛等明星同台发布作品；在成都IFS与瑞士潮流手表天势表联合举办2016年S/S时装发布会。

图3-30

31. 申屠献忠

就职于SGS通标标准技术服务有限公司，担任中国区总裁。1990年毕业于天津纺织工学院（现天津工业大学）纺织工程针织专业，博士学历（图3-31）。

图3-31

主要情况：

申屠献忠在20世界90年代便进入SGS，成为其在中国的最早一批员工之一。他从基层检验员做起，最终一路成长为SGS在中国内地的第一位本土"掌门人"。申屠先生背后总是闪现着在韬光养晦之后避无可避的光芒，用"踏实"二字书写人生的精彩，诠释了"严谨严格，求实求是"的工大校训。

32. 王娜

就职于利郎（中国）有限公司，担任服装CAD推板师。2013年毕业于天津工业大学服装设计专业，本科学历（图3-32）。

主要情况：

2013年6月毕业后，一直在利郎（中国）有限公司商品技术研发部工作，现主要负责量产CAD推板工作，另一部分工作时间协助板型师完成研发样板。如今服装行业竞争日趋激烈，商业模式的改变，渠道的变革，市场无时无刻不在变化，在追求功能与时尚的基础上，用工艺技术的改革与创新说话，认真做好每一款产品，不断适应市场的发展变化。

图3-32

33. 杨超

就职于杭州时趣信息技术有限公司，担任品牌推广师。2012年毕业于天津工业大学设计艺术学专业，硕士学历（图3-33）。

主要情况：

在杭州时趣信息技术有限公司（蘑菇集团）从事品牌相关业务工作。电商是一个快速发展节奏迅速的行业。蘑菇街企业工作环境极其人性化，公司文化自由、开放、简单、正直，客户第一，工作上追求极致与创新。

图3-33

34. 夏韶东

就职于宁波华科纺织助剂有限公司，担任部门主管。2009年毕业于浙江纺织服装职业技术学院染整专业，专科学历（图3-34）。

主要情况：

在工作、生活过程中，人们为了各自的目标时时刻刻在进行着交流、沟通。就沟通而言，沟通方式的优劣，直接或间接影响着员工的思想动态；在沟通工作上，工作能力和效率得到充分体现。

图3-34

35. 张瑜

就职于上海火石文化经纪有限公司，担任职业模特。2014年毕业于浙江纺织服装职业技术学院服装表演专业，专科学历（图3-35）。

主要情况：

上海火石文化经纪有限公司签约模特，2014年入选MODLES.COM的newface top50；2015年荣获中国十佳职业模特称号，是目前国内炙手可热的女模之一。

图3-35

36. 赵锡锋

就职于宁波万邦服饰有限公司，任总经理。2007年毕业于浙江纺织服装职业技术学院服装工艺技术专业，专科学历（图3-36）。

主要情况：

自主创业成立宁波万邦服饰有限公司。公司总部在交通便利的宁波市人民路外滩大时代，专业生产各类中、高档工作服、职业装、制服、窗帘、沙发布等相关产品。公司拥有强大的设计队伍、高素质的业务队伍、完善的售后服务和三个一流的加工厂（万邦鄞州厂区、万邦江北厂区、万邦北仑厂区），此外纺织品公司设在

图3-36

嘉兴，共计职员400余人（不计嘉兴公司）。本着"创新设计、高质生产、完善服务、以诚为本"为理念，同时，公司加大内部管理，提升品牌影响力，目前已成为宁波地区规模最大的工装企业，目标是"创建中国工装第一品牌"。

37. 高春和

1996年1月至今，任中国香港肇丰投资有限公司总经理。1982年2月毕业于无锡轻工业学院（现江南大学）纺织工程系（图3-37）。

主要情况：

1982年毕业后，在江苏省南通第二棉纺织厂工作，1984年任第二棉纺织厂厂长。任职期间，企业快速健康发展，经济效益持续增长，两个文明建设取得了优异的成绩。1988年被共青团中央、国家体改委评选为"全国十大优秀青年企业家"；1989年被纺织工业部授予"全国纺织工业劳动模范"称号；1991年被中宣部、国家教委授予"八十年代优秀大学毕业生"称号。高春和同志曾担任全国青联委员，全国青年企业家协会副会长，全国纺织企业家协会副会长，江苏省青联副主席等社会工作。

图3-37

1995年，高春和同志担任江苏省南通市对外经济贸易委员会副主任，参与了多个大型外资企业的招商和审批工作。自1996年起，高春和同志担任肇丰投资有限公司总经理，创办了多家企业，均取得了良好的经济效益和社会效益。其中江苏时代超市有限公司店铺分布于江苏省、浙江省、山东省、安徽省、上海市四省一市的40多个城市，2005年销售额达46亿元。

38. 洪平凡

现任联合国经济与社会事务部全球经济监测中心主任，负责世界经济预测与分析工作。1980年毕业于无锡轻工业学院（现江南大学）纺织工程系，毕业后曾留校任教（图3-38）。

主要情况：

图3-38

1980年毕业于无锡轻工业学院纺织工程专业后，于1983年在上海交通大学获硕士学位，自1983年起在国家计委预测中心工作，从事经济模型，预测分析，推广计算机在国家计委计划工作中的应用。1985年获世界银行麦克那马拉奖学金（中国首位），并赴美国宾夕法尼亚大学经济系深造学习（博士研究生），主攻计量经济与国际经济。1989

年至今，受聘于联合国经济与社会事务部，相继担任副经济专员、经济专员，高级经济事务专员，全球经济监测中心主任。曾兼任"非洲经济政策分析模型纲络项目"指导委员会主任，联合国经济官员考试委员会主任，联合国任命与晋升委员会委员等职。

他是联合国秘书处刊物——《世界经济与社会概览》和《世界经济形式展望》的主要作者之一，并兼任联合国经济官员考试委员会考官和联合国任命与晋升委员会委员。在江南大学纪念办学百年的庆典中，被推荐为"杰出校友"。

十几年来，洪平凡用自己的所学专长，为联合国的经济研究和政策分析作出了贡献。同时，他也充分利用联合国的条件和环境不断提高自己为世界经济"把脉"的能力。

39. 周晔珺

现任无锡一棉纺织集团总经理，高级工程师。全国棉纺织科技先进工作者、全国纺织工业劳动模范、全国巾帼建功标兵、全国妇女创先争优先进个人、全国三八红旗手、江苏省人大代表。1984年毕业于无锡轻工学院（现江南大学）（图3-39）。

图3-39

主要情况：

无锡一棉由民族工商业家荣宗敬、荣德生创办于1919年，被誉为当时中国的"棉纱大王"。经过90余年的风雨，无锡一棉作为国字号企业，站在了新的发展平台上。为使一棉保持国内棉纺织行业的领先地位，周晔珺带领团队不断追求和研发新技术，使企业成为全球最大的紧密纺生产企业，纺出的300支棉纱，每公斤棉花的纱长达500千米，比丝还细，比丝还贵。她狠抓生产劳动管理，率先打破行业内传统的运转管理、作业方式和人力资源管理体制，使企业职工由万余人降到2500多名，企业规模却从原来的10万纱锭扩大到50万纱锭，年产2.5万吨紧密纺纱，2600万米高档面料，劳动效率保持全行业第一，万锭用工优化到25人以内，工效达到国际一流水平。她高度重视员工的思想教育工作，把员工的发展看作企业进步的根本动力，千方百计关心员工生活和发展。身为总经理的她，以自身的朴实无华、勤勉踏实、勇于创新的精神，带着企业一路前行。

40. 李建华

现就职于万事利集团有限公司,担任总裁。1984年毕业于苏州丝绸工学院(现苏州大学)制丝工程专业,本科学历(图3-40)。

主要情况:

任万事利集团有限公司总裁。李建华先生从事经营管理工作近30年,始终将丝绸行业的复兴作为自己终生的事业。近些年,万事利集团挖掘、传承及弘扬中国丝绸文化,将传统丝绸与文化创意、高科技相结合,"跳出丝绸做丝绸""改变丝绸即面料的初浅认识",在传统丝绸面料、丝绸服饰的基础上,拓展开发出了丝绸文化产品、高端丝绸装饰品及丝绸艺术品三大创新领域,走出了一条"传统丝绸产业+文化创意+高科技=丝绸新兴产业"的充满无限活力和生机的浙江丝绸特色产业转型升级之路,并成为传统民营企业华丽转身的典范样本。李建华先生用自身对丝绸的热忱,在行业内外掀起了一股重视丝绸文化、重拾丝绸神韵的热潮,将中华丝绸带向文明的高峰。

图3-40

41. 蒋红

现就职于通标标准技术服务有限公司(SGS),担任全球纺织品技术总监。1987年毕业于苏州丝绸工学院(现苏州大学)染整工程专业(图3-41)。

主要情况:

从事纺织化学领域工作近30年,曾在中国东北和中部地区的大学教授纺织化学,承担并负责了一系列国家级、部级、省级重点科技攻关项目;拥有十余年国际权威第三方检测认证公司经验,负责SGS纺织品部全球标准化的开发和培训项目以及外部和内部测试技术的统一协调工作。

图3-41

蒋红博士担任美国AATCC指定全球培训师,培训课程包括AATCC颜色评价、AATCC色牢度测试标准和AATCC&ASTM测试标准,并是AATCC标准的多个研究委员会有表决权委员。担任英国SDC全球指定培训师，培训课程包括英国SDC颜色管理和ISO色牢度测试标准培训，是SDC技术委员会委员。担任中国纺织环境委员会委员、东华大学特聘研究生导师，获得徐汇区拔尖人才，皮革行业"十一五"标准化工作先进个人等称号，通过了ISO 14000主任审核员、中国清洁生产审核员、中国合格评定国家认可委员会实验室认可评审员等专业培训课程。

42. 陈卓

现就职于东莞市伊卓服装有限公司，担任总经理。1988年毕业于大连轻工学院（现大连工业大学）服装系，本科学历（图3-42）。

主要情况：

伊卓服饰有限公司的法定代表人，负责重大经营事项的决策。1988年毕业后被分配到大连纺织工业职工大学服装专业任教，期间曾到中国纺织大学（现东华大学）服装系进修，1995年离开教师岗位，先后在大连与他人合伙创办海贝制衣、大连伊卓服装，参加了大连服装节设计大奖赛，获银奖。2009年独立创办东莞市伊卓服装有限公司，注册商标Eall.cz（意澳）并自主经营至今。目前Eall.cz（意澳）品牌在全国范围内开店近200家，年销售额超过1.5亿元。公司Eall.cz品牌设计部曾被授予全国纺织工业先进集体，陈卓本人也先后被授予"全国纺织工业先进工作者"、2014~2015年"东莞市优秀企业家"称号。

图3-42

凭着对专业的热爱，对理想的执著，对目标的追求，陈卓一直不懈努力并坚信Eall.cz一定会成为被消费者喜爱，令加盟商赚钱，让公司员工感到骄傲的女装品牌。

43. 孙林

现就职于大连工业大学服装学院，2005年毕业留校任教至今，服装艺术设计方向负责人。2005年毕业于大连轻工学院（现大连工业大学）服装艺术设计专业，硕士学历（图3-43）。

主要情况：

他是一名教师，从教十几年来所带的学生遍布中国大江南北。他是一个以麻为载体，并坚持连续几年流行趋势和专场发布的服

图3-43

装设计师。他是中国麻纺行业流行趋势顾问,也是近年来麻纺领域一位重要的合作伙伴。

2012~2013年在大连国际服装节舞台上绽放,发布亚麻流行趋势专场后,设计师孙林关于探索亚麻、发现亚麻之路就从未停止。2014年以来,带领亚麻团队,连续登上江苏国际服装节、上海2014PH Value时尚汇、上海国际时装周、中国国际时装周等时尚舞台,令纺织服装业界刮目,引发业内人士广泛关注。他也是在国内代表以单品类纤维——亚麻纤维为主要载体织物的专场服装发布会的第一人。他怀揣中国文化并坚持以"精神的自由,民俗的融合"这一设计理念,在时尚舞台上传播亚麻文化。把文化注入纺织面料,通过设计研发让更多的人喜欢环保亚麻材料,这是让他庆幸自己所热爱的这个行业的真正理由。

44. 万明亮

曾任劲霸男装股份有限设计总监10余年,2012年创立个人设计师品牌Jack one。现任上海汉晨服饰设计中心董事长、创意总监。中国十佳服装设计师,中国设计师协会艺术委员会委员。1995年毕业于江西服装学院设计专业,欧洲大学工商管理在读博士,进修于伦敦圣马丁艺术与设计学院时尚奢饰品牌管理(图3-44)。

图3-44

主要情况:

万明亮在服装界闯荡了21年,从一个服装技术工做到了"中国最具生命力100强企业"和"中国500最具价值品牌"企业——劲霸(中国)有限公司设计总监。2012年创立上海汉晨服饰设计中心,现任该公司董事长、创意总监。该中心致力于打造为中国最专业的男装企业,拥有庞大的服务网点,高覆盖、高效率的服务获得多家公司和机构的认可。上海汉晨服饰设计中心在2013年全面启动ＦＷ国内全线高端男装品牌,专注男装设计研发、贴牌生产、终端营销、品牌资讯、策划推广平台,众多国内一线男装品牌均为其合作伙伴。公司秉承"以质量为核心,以市场为导向,以发展为目的,以信誉为保证"的经营理念,自始至终把为客户提供一流的产品和服务作为目标,打造上海汉晨服饰设计中心旗下品牌(杰克·万)男装,每一款都有个性设计、优秀板型和精良工艺的服装品牌形象。

45. 马廷方

就职于杭州万事利丝绸科技有限公司，任总经理。1993年毕业于浙江丝绸工学院（现浙江理工大学）丝绸工程专业，本科学历（图3-45）。

主要情况：

执行董事会决议，行使公司经营和发展的指挥权，主持公司全面工作。最开始在车间基层工作，历任公司的经理、副总等职务，现任该公司总经理。该公司是万事利集团龙头企业，以丝绸为主业，从传统的丝绸服装领域进军壁纸装饰领域，推出了在壁纸行业的新产品系列——丝绸壁纸，本着

图3-45

"丝绸奢华壁纸第一人"的理念，巧妙地将柔软、飘逸的丝绸与艺术相结合，打造出典雅奢华的丝绸壁纸。公司主要资源优势：丝绸面料的织造印染及精加工业务，数码喷印和数码织造技术。目前，公司拥有一家资产规模15000万元人民币，年产丝绸印染面料900万米的印花厂——杭州万事利丝绸数码印花有限公司；拥有一家资产规模2000万元人民币，年产300万件丝绸服装的企业——海宁万事利丝绸科技有限公司。

马廷方认为：敢于挑战，才能和公司一起飞得更远。

第四部分　用人单位反馈

为了更好地发挥高校教育培养人才、服务行业发展的功能，了解行业人才需求，体现纺织行业教育教学成果，我们对用人单位进行了访谈和调查，在调查中，用人单位对高校毕业生给予高度评价，肯定了行业人才在企业发展过程中的成绩。普遍反映纺织行业毕业生，在企业发展和技术创新领域起着重要作用，毕业生具备优良的职业素养、扎实的专业功底、训练有素的团队精神和创新意识，实践能力强，在推动行业发展中发挥了积极的作用。

首先，毕业生具备扎实的专业知识，理论基础雄厚。纺织类学科拥有悠久的学科背景，理论专业知识内容丰富，大部分的用人单位都反应毕业生在自己的工作领域，工作中都具备丰富的专业知识，岗位胜任度高，在服装设计、纺织品检验等相关领域，专业对口度高，毕业生们在自己的工作中能够灵活运用专业知识，在专业技术上遇到的问题也能举一反三，这是扎实的基础知识学习的体现。

山东济宁如意毛纺织股份有限公司、北京京棉纺织集团有限责任公司、必维申美商品检测（上海）有限公司，对毕业生的专业能力很肯定。表示毕业生"工作认真负责，踏实肯干，不怕吃苦，敢于担当，业务知识扎实，业务水平优秀，对本职工作兢兢业业，锐意进取，为公司员工树立良好榜样并起到带头作用，为公司创造出较好的企业效益。"

重庆三峡技术纺织有限公司也对纺织专业的教学进行了反馈，认为"纺织工程类专业的教学质量在不断地提高，做到了点面结合，工学结合。针对学生的管理认真负责，以职业为导向，紧扣就业，学生专业课程知识掌握非常全面。"中国服装协会录用了很多纺织类专业毕业生，包括质量检测、科研项目管理、产业经济研究、纺织服装品牌研究和服务、服装行业服务等，认为毕业生"专业素养很高，工作适应能力强，业绩斐然，深得广大群众和领导的认可。"

其次，毕业生专业实践能力强，具备创新意识，是行业技术革新过程中的生力军。纺织行业，涉及的领域广泛，有服装设计、材料科学、纺织化工等行业，这些毕业生在企业承担了研发、生产、技术、监测等高新技能岗位，部分毕业生还直接进入科研院所，专门从事纺织、服装行业技术开发，如万众瞩目的"神舟十一号"载人航天飞船宇航员服装，就由东华大学材料、纺织、服装设计等各领域的专家、学者共同研制。我国纺织技术自古以来就处于领先领域，近年来，各企业的纺织技术更是在毕业生们的努力下不断创新突破，高校毕业生在中国服装、纺织类产品研发中发挥了重要的技术作用，是企业技术改革和创新的中流砥柱。他们不仅有高超的技艺，而且勤恳务实，善于学习，对本职工作兢兢业业，是企业技术娴熟的业务骨干。

江苏联发印染有限公司染整技术专业毕业的学生，得到高度评价，单位表示"专业基础知识扎实，技能水平高，到我单位工作后能很快适胜工作岗位，工作能力强，不少毕业生已成长为我单位的骨干中坚力量。通过几年的努力，迅速成为我公司在业务、技术、管理等工作岗位的骨干力量，对于带动我公司整个团队的建设起到了很大的作用。"

江苏华艺集团、浙江省万羽针织有限公司、利郎（中国）有限公司对纺织技术、染整技术、服装制板、纺织品检验与贸易等相关专业的毕业生也十分肯定，认为学生们在工作中"能够举一反三，将在学校所学的知识灵活应用到具体的工作中去，保质保量完成工作任务。"

上海拉夏贝尔服饰股份有限公司、海澜之家服饰有限公司都对服装设计专业学生高度评价，"有扎实的专业理论基础，独立动手能力强，具有时尚前沿意识，作品得到市场认可。"网易网络有限公司也认为"学生在大学期间就具备较强的美术基础，通过大学期间的实习为上岗提前准备了丰富的实践技能。"作为设计专业的毕业生，基本功和专业技术都受到企业认可。

最后，毕业生具备较高职业素养，团队合作、人际沟通意识强，善于把握与企业各部门沟通的技巧，有大局观。在调查中，企业对毕业生的反馈是"能力表现突出，有口才，就业心态平和，思想成熟，积极并高效率完成上级安排的任务，注重团队精神。"纺织行业，曾是国民经济发展的重要支柱产业，纺织人早在几代前，就培养了团结、奋进、踏实、肯干的精神，一代代纺织人，把这种求实、创新的精神不断延续，在行业内企业中不断传承，正式由于这些精神，毕业生们也涌现出一批德才兼备的管理者。无锡红豆居家服饰有限公司、恒申合纤科技有限公司都有学生成为优秀的管理者的案例，他们表示学生"德才兼备"具备很高的综合素养。

附部分企业对部分专业毕业生的评价。

1. 反馈专业：艺术设计

评价单位：佐上国际

对此专业毕业生综合评价：

工作认真，踏实肯干，虚心好学，善于思考，能举一反三能够严格要求自己，对自己负责的项目勇于承担，责任心强，知识面广，基础知识扎实，在专业技术上遇到的问题能及时解决。在生活上积极向上，举止文明。与同事之间相处融洽，善于与领导沟通，主动积极地做好每一件事情。

2. 反馈专业：材料科学与工程

评价单位：北京京棉纺织集团有限责任公司

对此专业毕业生综合评价：

工作认真负责，勤奋好学，体现出比较扎实的专业知识和技能基本功。努力协助领导和同事的工作，从中学习业务知识，虚心好学，善于思考，能培养团队精神和人际沟通能力，遵守公司劳动纪律，与同事和睦相处。在时间紧迫的情况下，加时加班完成任务，毫无怨言，展现出该校扎实的德育教育。能够将在学校所学的知识灵活应用到具体的工作中去，适应能力较强。并且能够遵守我公司的各项规章制度，得到了领导和同事的一致好评。

3. 反馈专业：现代纺织技术、染整技术、服装制板

评价单位：江苏华艺集团

对此专业毕业生综合评价：

工作认真，勤奋好学，踏实肯干，在工作中遇到不懂的地方，能够虚心向富有经验的前辈请教，善于思考，能够举一反三。对于别人提出的工作建议，可以虚心听取。在时间紧迫的情况下，加时加班完成任务。能够将在学校所学的知识灵活应用到具体的工作中去，保质保量完成工作任务。同时，学生严格遵守我公司的各项规章制度，实习期间，未曾出现过无故缺勤、迟到早退现象，并能与公司同事和睦相处，与其一同工作的员工都对学生们的表现予以肯定。

4. 反馈专业：现代纺织技术（针织工艺与贸易）、针织品设计

评价单位：南京海尔曼斯集团有限公司

对此专业毕业生综合评价：

认真负责，虚心好学，在工作中能够主动地学习和请教师傅，比较仔细认真，能够完成指导老师和领导安排的工作任务。遵守公司劳动纪律，出勤率较好，与同事相处和睦，能融入团队合作共事，体现出学校较高的德育和智育水平。实习期间，未曾出现过无故缺勤、迟到早退现象。

5. 反馈专业：染整技术

评价单位：江苏联发印染有限公司

对此专业毕业生综合评价：

专业基础知识扎实，技能水平高，到我单位工作后能很快适胜工作岗位，工作能力强，不少毕业生已成长成我单位的骨干中坚力量。工作态度严谨认真，遵守厂纪厂规，能以大局为重，以集体的利益为重，不计较个人得失。贵校毕业生品行优良，任劳任怨，在工作中能够与同事协力合作，体现了很好的职业精神和素养。有较强的事业心和责任心，注重个人的成长，能够根据岗位需求适时的调整工作方法和思路，并依据岗位要求不断学习，不断进步，成长很快，通过几年的努力，迅速成为我公司在业务、技术、管理等工作岗位的骨干力量，对于带动我公司整个团队的建设起到了很大的作用。

6. 反馈专业：现代纺织技术

评价单位：盛虹科技股份有限公司

对此专业毕业生综合评价：

对待工作认真负责，能够尽心尽力地去做，而不是仅仅当做是一个实习的过程而已。在工作中，能够严于律己，态度端正。工作期间，无违反公司、部门相关规章制度的不良记录。进入部门虽然时间不长，但整体都能够快速的适应现有的工作并完成自身的角色转换。在工作期间，懂得主动去思考，主动询问，努力地去提升。

7. 反馈专业：服装设计与工程

评价人单位名称：海澜之家服饰有限公司

对此专业毕业生综合评价：

态度端正，学习踏实，工作认真，注重理论和时间相结合，将大学所学的课堂知识能有效地运用于实际工作中。能吃苦耐劳，工作责任心强，注重团队合作，善于取长补短，虚心好学，具有一定的开拓和创新精神，接受新事物较快，涉猎面较宽，有自己的思路和想法。经过两年多的刻苦努力，已经有部分出色的学员做上主管及部长的岗位。

8. 反馈专业：纺织服装

评价单位：无锡红豆居家服饰有限公司

对此专业毕业生综合评价：

在工作方面很敬业，在公司储备培养项目期间，能够不放松自我要求，严格按照公司的培养方案主动学习、快速成长，碰到困难时也能够积极思考，主动应对。丰富的社会实践使得其较快地适应新岗位，整体业绩表现良好。其中发展最快的两位同志，一位已担任公司干部、列入公司中层管理梯队，一位因基层工作业绩表现突出，调回公司总部任职，其他人员也均成长为各单位的业务骨干，同时也能积极帮助新进员工解决工作和生活中的困难，帮助其适应工作环境及岗位。对于本校学生，整体符合公司"德才兼备"，希望加强后期的深度校企合作。

9. 反馈专业：纺织科学与工程

评价单位：中国服装协会

对此专业毕业生综合评价：

工作能力突出，工作态度积极，品格端正，能够团结同事，具有很好的团队精神。在中国纺织工业联合会下，不同单位的多个岗位工作过，包括质量检测、科研项目管理、产业经济研究、纺织服装品牌研究和服务、服装行业服务等，始终以低调务实的风格进行各项工作，专业素养很高，工作适应能力强，业绩斐然，深得广大群众和领导的认可。

10. 反馈专业：纺织化学与染整工程

评价单位：山东济宁如意毛纺织股份有限公司

对此专业毕业生综合评价：

工作认真负责，踏实肯干，不怕吃苦，敢于担当，业务知识扎实，业务水平优秀，对本职工作兢兢业业，努力进取，为公司员工树立良好榜样，为公司创造出较好的企业效益。

为人乐观积极，与公司同事相处融洽，善于团队合作，具有较强的领导能力，对所负责的区域能进行有效的指导，并提出建设性意见，能胜任本职工作。

11. 反馈专业：纺织品检验

评价单位：山东济宁如意毛纺织股份有限公司

对此专业毕业生综合评价：

这些毕业生无论是从个人素质和专业知识上都有突出的表现，尤其是贵校对学生的学习能力的培养使得毕业生们能够在工作岗位上顺风顺水。毕业优秀人才的人格培养也是贵校一直非常关注的一个重点，能够在工作岗位上以坚韧不拔的精神应对工作中面临的一切压力。

12. 反馈专业：艺术设计（服装设计方向）

评价单位：利郎（中国）有限公司

对此专业毕业生综合评价：

工作中认真负责，踏实肯干，在工作中遇到不懂的地方，能够虚心向富有经验的前辈请教，善于思考，能够举一反三。对于别人提出的工作建议，可以虚心听取。在时间紧迫的情况下，加时加班完成任务。能够将在学校所学的知识灵活应用到具体的工作中去，保质保量完成工作任务。同时，该学生严格遵守我公司的各项规章制度，工作期间，未曾出现过无故缺勤、迟到早退现象，并能与公司同事和睦相处，与其一同工作的员工都对该学生的表现予以肯定。

13. 反馈专业：材料科学与工程

评价单位：浙江荣盛控股集团有限公司

对此专业毕业生综合评价：

热爱本职工作，勤奋敬业、踏实上进，责任心较强。专业基础扎实，注重将专业知识与工作实践相结合，学以致用，表现出较高的专业素养和专业能力。在工作中，适应性和团队协作能力强，有创新意识。学校历年毕业生中已有多人担负公司的骨干管理岗位，体现出较高的管理水平和协调能力。面对困难和复杂问题，能主动承担，与同事关系融洽，共同攻克难关，工作业绩较为突出。

14. 反馈专业：高分子材料

评价单位：恒申合纤科技有限公司

对此专业毕业生综合评价：

毕业生符合我公司的用人要求。在校期间经过专业的系统学习，掌握了相关专业技能，并具有自主、持续的学习能力。毕业生经过几年锻炼学习就可以胜任基层管理岗位，成为我公司的技术和管理人员。为此，我公司专门在贵校为高分子材料专业设定专业奖学金，鼓励同学勤奋学习，希望更多毕业生到我公司工作。

15. 反馈专业：现代纺织技术

评价单位 重庆三峡技术纺织有限公司

对此专业毕业生综合评价：

工作认真，勤奋好学踏实肯干，表现出较强的求知欲望。能够遵守公司各项制度，尊重老师。纺织工程学院的教学质量在不断地提高，做到了点面结合、工学结合。针对学生的管理认真负责，以职业为导向，紧扣就业，同时学生专业课程知识掌握非常全面。我们将持续与成都纺专合作，共同培养专业技术人才。

16. 反馈专业：纺织品装饰艺术设计

评价单位：以纯集团俊德实业有限公司

对此专业毕业生综合评价：

学生综合素质较高，专业知识扎实，工作上尊重并听从领导的安排与指挥，吃苦耐劳；与同事相处和谐，善于沟通，顾全大局。在工作过程中表现出了对本行业的喜爱和热情。同时也感谢贵院为我们企业提供对口专业人才，期待更多的合作，谢谢！

17. 反馈专业：纺织品检验

评价单位：必维申美商品检测（上海）有限公司

对此专业毕业生综合评价：

毕业生无论是从个人素质和专业知识上都有突出的表现，尤其是贵校对学生的学习能力的培养使得毕业生们能够在工作岗位上更好地自我学习、提高。毕业优秀人才的人格培养也是贵校一直非常关注的一个重点，能够在工作岗位上以坚韧不拔的精神应对工作中面临的一切压力。

18. 反馈专业：纺织品检验与贸易

评价单位：浙江省万羽针织有限公司

对此专业毕业生综合评价：

工作认真，勤奋好学，踏实肯干，在工作中遇到不懂的地方，能够虚心向有经验的同岗员工请教，善于思考，能够举一反三。对于别人提出的工作建议，可以虚心听取，能够将在学校所学的知识灵活应用到具体的工作中去，保质保量完成工作任务。同时，学生严格遵守我公司的各项规章制度，未曾出现过无故缺勤、迟到早退现象，并能与公司同事和睦相处，同工作的员工对学生的表现都予以肯定，能够积极主动地配合其他相邻工作同仁协调完成各种工作任务，认真学习业务知识，在很短的时间内就掌握了工作的要点和技巧，并将其合理的运用到工作中去，能够积极主动的向老员工学习，弥补自己的不足。工作积极主动，学习认真，尊敬他人，待人诚恳，能够做到服从指挥，团结同事，不怕苦，不怕累。并能够灵活运用所学的计算机专业知识解决工作中遇到的实际困难。

19. 反馈专业：服装设计

评价单位：上海拉夏贝尔服饰股份有限公司

对此专业毕业生综合评价：

（1）该专业的毕业生总体素质高。

（2）有扎实的专业理论基础，独立动手能力强，具有时尚前沿意识，作品得到市场认可。

（3）工作态度端正，具有很强的团队合作精神。服从上级安排，热于本职工作，勤奋肯干，虚心好学。

（4）学习能力强，积极主动学习和钻研业务知识，能快速掌握本岗位所需的知识和技能。

20. 反馈专业：艺术设计

评价单位：网易网络有限公司

对此专业毕业生综合评价：

该专业的学生综合素质高，学习能力强，投入度高，学生表现在公司就职过程中，相比属于优秀。该学院学生在大学期间就具备较强的美术基础，通过大学期间的实习为上岗提前准备了丰富的实践技能。在入职公司后，展现出更强的融入能力，在公司比较重视的几块能力上，如沟通能力、学习能力、团队合作等方面表现优异，是不可多得的技术人才。

第五部分　结语

在岗位地图构建过程中，我们发现并总结了一些关于纺织类专业毕业生的就业情况，有共性的也有个性的，有值得借鉴的也有需要改进的，有可以协同发展的也有需要继续努力的。本报告展现的方方面面给了我们教育者很多的启发和思考，对行业管理者具有指导作用，也给相关企业事业单位的人力资源管理提供了重要依据，当然还会给我们的考生和家长带来更有用的指南和就业策略，另外还带给社会一些思考以及正能量。

本报告从纺织行业发展的视角出发，回顾了自新中国成立之初到如今我国纺织业发展的历程。作为国民生活衣食住行四大支柱产业之一，纺织行业一直以来在我国经济中发挥着举足轻重的作用。从新中国成立初期解决全中国人民的穿衣问题，到现在航天材料研发，我国已成为纺织行业技术先进国家。纺织教育科研领域的学者、工程师在不断地创造奇迹的同时，也培育着一代又一代的学子，这些学子像种子一样，在各行各业中不断开拓进取，长成参天大树，继续为我国经济的增长做出贡献。

在梳理纺织行业岗位分布过程中，更加深了我们对纺织行业的认知。除了面料和服装设计，纺织行业所涉及的领域已深入到了航天、国防、公共服务、国际贸易的各个领域。在专家们的潜心研究下，我国已成为纺织技术的强国，在国际上享有盛名。

为了向社会更全面、深入地描绘现代纺织行业的实际情况，更生动地向广大学子展示新一代纺织人的精神风貌，我们汇总整理了本报告，汇总了所有纺织行业相关的工作领域，并在对应相关的高校培养专业的基础上，介绍了纺织行业的精英人才以及他们的突出贡献。

本报告是由中国纺织服装教育学会牵头组织，由全国知名纺织类高校集体编制，收集整理了百余份的各个高校专业、毕业生的资料。从毕业学子个人的生涯发展历程中，我们可以看到整个纺织产业的整体格局，以及整个产业未来的趋势。

当然，产业的发展汇集了每个纺织人职业的发展路径，这也是每个从业人员共同推进的结果。在报告中，读者可以看到每个成功案例背后职业成长的经历，也可以清晰了解每个岗位背后的历程。如果你是一位刚刚踏足纺织业的新人，按照前辈走过的路，你可以从中找到理想的职业目标，选中心仪的学校、专业，向着榜样和前辈的方向努力，这对每个纺织人尤其重要。

任何一个产业的出现、发展、辉煌，都离不开一代代人的开拓和钻研，纺织行业有今天的成果自然也离不了新老学者不断地培育和传承。在求实、创新精神的指引下，一代代的纺织服装学者经历了一次次的教育教学改革，与时俱进，培育了专业知识扎实、能力素质过硬、顺应时代要求、勇担社会责任的行业精英。报告中也呈现出了在新时期，纺织行业教育教学改革的成果。这个有着厚重历史的学科，也为新的时代注入了青春的活力。

总之，梳理本报告的初衷，就是希望能向您展示纺织行业的全貌，无论您是报考的学生、企业的管理者、行业决策者、还是资深的学者，希望您都能从中发现你感兴趣的内容。

附录

附录1　部分开设纺织类专业普通高等学校名单

省市自治区	学校（学院）名称
安徽省	安徽财经大学
	安徽工程大学
	安徽农业大学
	安徽三联学院
	安徽信息工程学院
	淮北师范大学
	宿州学院
北京市	北京城市学院
	北京服装学院
	北京联合大学
	北京人文大学
	清华大学
	中华女子学院
	中央美术学院
	中央民族大学
重庆市	四川美术学院
	西南大学
	长江师范学院
	重庆工商大学
	重庆三峡学院
	重庆师范大学
	重庆文理学院
福建省	福建师范大学
	福建师范大学闽南科技学院
	福州大学
	闽江学院

续表

省市自治区	学校（学院）名称
福建省	闽南理工学院
	泉州师范学院
	三明学院
	厦门理工学院
甘肃省	兰州理工大学
	兰州理工大学技术工程学院
广东省	北京理工大学珠海学院
	广东白云学院
	广东工业大学
	广东海洋大学
	广东海洋大学寸金学院
	广东技术师范学院
	广东科技学院
	广东理工学院
	广东培正学院
	广州大学
	广州美术学院
	华南理工大学广州学院
	华南农业大学
	华南农业大学珠江学院
	惠州学院
	韶关学院
	深圳大学
	五邑大学
	湛江师范学院
广西壮族自治区	北海艺术设计学院
	广西大学
	广西工学院
	广西工学院鹿山学院

续表

省市自治区	学校（学院）名称
广西壮族自治区	广西科技大学
	广西科技大学鹿山学院
	广西民族大学相思湖学院
	广西师范大学
	广西师范学院
	广西艺术学院
	桂林电子科技大学
	桂林理工大学
	贺州学院
	南宁学院
	梧州学院
	玉林师范学院
贵州省	贵州大学
海南省	海南大学
	海南师范大学
	三亚学院
河北省	河北大学
	河北科技大学
	河北科技大学理工学院
	河北科技学院
	河北美术学院
	河北师范大学
	唐山学院
	燕京理工学院
河南省	河南工程学院
	河南科技学院
	黄河科技学院
	南阳师范学院
	郑州华信学院

续表

省市自治区	学校（学院）名称
河南省	郑州轻工业学院
	中原工学院
	中原工学院信息商务学院
黑龙江省	哈尔滨华德学院
	哈尔滨师范大学
	哈尔滨学院
	哈尔滨远东理工学院
	齐齐哈尔大学
湖北省	湖北理工学院
	湖北美术学院
	湖北文理学院
	华中农业大学楚天学院
	江汉大学
	武汉纺织大学
	武汉纺织大学外经贸学院
	武汉科技大学城市学院
	武汉体育学院
	中南民族大学
湖南省	湖南工程学院
	湖南工程学院应用技术学院
	湖南工业大学科技学院
	湖南理工学院
	湖南女子学院
	湖南涉外经济学院
	湖南师范大学
	湖南师范大学树达学院
	怀化学院
	长沙理工大学
	长沙民政职业技术学院

续表

省市自治区	学校（学院）名称
湖南省	长沙学院
吉林省	东北电力大学
	东北师范大学
	东北师范大学人文学院
	吉林大学
	吉林动画学院
	吉林工程技术师范学院
	吉林化工学院
	吉林艺术学院
	长春大学旅游学院
	长春工程学院
	长春工业大学
	长春科技学院
江苏省	常熟理工学院
	江南大学
	江苏理工学院
	金陵科技学院
	南京艺术学院
	南通大学
	南通大学杏林学院
	苏州大学
	苏州大学文正学院
	苏州大学应用技术学院
	无锡太湖学院
	盐城工学院
	扬州大学广陵学院
江西省	赣南师范学院
	江西服装学院
	江西科技师范大学

续表

省市自治区	学校（学院）名称
江西省	江西科技学院
	江西师范大学
	江西师范大学科学技术学院
	南昌大学
	南昌大学共青学院
	南昌航空大学
	南昌理工学院
辽宁省	大连工业大学
	大连工业大学艺术与信息工程学院
	大连艺术学院
	辽东学院
	辽宁传媒学院
	辽宁工业大学
	沈阳大学
	沈阳航空航天大学
	沈阳师范大学
内蒙古自治区	呼和浩特民族学院
	内蒙古大学
	内蒙古大学创业学院
	内蒙古工业大学
	内蒙古科技大学
	内蒙古农业大学
	内蒙古师范大学
山东省	德州学院
	济南大学
	临沂大学
	青岛大学
	青岛科技大学
	青岛理工大学

续表

省市自治区	学校（学院）名称
山东省	山东工艺美术学院
	山东理工大学
	山东轻工业学院
	山东艺术学院
	山东英才学院
	泰山学院
	烟台大学
	烟台南山学院
山西省	太原理工大学
陕西省	宝鸡文理学院
	鲁迅美术学院
	陕西服装工程学院
	陕西国际商贸学院
	陕西科技大学
	陕西科技大学镐京学院
	西安工程大学
	西安美术学院
	西安培华学院
	咸阳师范学院
	延安大学西安创新学院
上海市	东华大学
	上海大学巴黎国际时装艺术学院
	上海工程技术大学
	上海视觉艺术学院
四川省	乐山师范学院
	绵阳师范学院
	攀枝花学院
	四川传媒学院
	四川大学

续表

省市自治区	学校（学院）名称
四川省	四川理工学院
	四川师范大学
	四川音乐学院绵阳艺术学院
	西华师范大学
天津市	天津工业大学
	天津科技大学
	天津美术学院
	天津商业大学宝德学院
新疆维吾尔自治区	石河子大学
	塔里木大学
	新疆大学
云南省	昆明理工大学
	文山学院
	云南大学
	云南艺术学院
浙江省	嘉兴学院
	嘉兴学院南湖学院
	宁波大学
	绍兴文理学院
	绍兴文理学院元培学院
	温州大学
	温州大学瓯江学院
	浙江财经大学东方学院
	浙江科技学院
	浙江理工大学
	浙江理工大学科技与艺术学院
	浙江农林大学
	中国美术学院

附录 2　部分开设纺织类专业高等职业学校名单

省市自治区	学校（学院）名称
安徽省	安徽艺术职业学院
	安徽职业技术学院
	安庆职业技术学院
	淮北职业技术学院
	六安职业技术学院
	马鞍山师范高等专科学校
北京市	北京电子科技职业学院
	北京东方文化艺术学院
	北京经济商务学院
	北京科技经营管理学院
	北京莱佛士国际学院
	北京市朝阳区艾思蒙特高级时装艺术培训学校（中法艾蒙时尚教育）
重庆市	重庆财经职业学院
	重庆城市管理职业学院
	重庆工贸职业技术学院
	重庆文理学院应用技术师范学院
福建省	福建华南女子职业学院
	福建艺术职业学院
	黎明职业大学
	闽北职业技术学院
	泉州纺织服装职业学院
	泉州华光摄影艺术职业学院
	泉州经贸职业技术学院
	泉州轻工职业学院
	三明职业技术学院
	厦门南洋学院
甘肃省	兰州服装职工大学
广东省	潮汕职业技术学院
	东莞职业技术学院

续表

省市自治区	学校（学院）名称
广东省	广东白云学院
	广东创新科技职业学院
	广东技术师范学院
	广东科技学院
	广东岭南职业技术学院
	广东女子职业技术学院
	广东轻工职业技术学院
	广东文艺职业学院
	广东亚视演艺职业学院
	广东职业技术学院
	广州城建职业学院
	广州大学桂花岗纺织服装学院
	广州工程技术职业学院
	广州华立科技职业学院
	广州科技贸易职业学院
	广州南洋理工职业学院
	广州涉外经济职业技术学院
	广州私立华联学院
	广州现代信息工程职业技术学院
	广州珠江职业技术学院
	河源职业技术学院
	惠州经济职业技术学院
	江门职业技术学院
	汕头职业技术学院
	深圳职业技术学院
	香港服装学院
	湛江现代科技职业学院
	肇庆科技职业技术学院
	中山职业技术学院

续表

省市自治区	学校（学院）名称
广东省	珠海艺术职业学院
广西壮族自治区	北海艺术设计职业学院
	广西城市职业学院
	广西经济职业学院
	广西经贸职业技术学院
	广西科技职业学院
	广西演艺职业学院
	广西英华国际职业学院
	柳州职业技术学院
	南宁职业技术学院
贵州省	贵阳职业技术学院
	贵州轻工职业技术学院
海南省	琼台师范高等专科学校
河北省	河北女子职业技术学院
	衡水职业技术学院
	廊坊东方职业技术学院
	保定科技职业学院
	邢台职业技术学院
河南省	河南工业技师学院
	河南职业技术学院
	河南质量工程职业学院
	鹤壁职业技术学院
	漯河职业技术学院
	平顶山工业职业技术学院
	商丘职业技术学院
	信阳涉外职业技术学院
	郑州财经技师学院
黑龙江省	黑龙江三江美术职业学院
湖北省	鄂州职业大学

续表

省市自治区	学校（学院）名称
湖北省	江汉艺术职业学院
	荆州职业技术学院
	随州职业技术学院
	武汉纺织大学职业技术学院
	武汉民政职业学院
	武汉软件工程职业学院
	武汉商贸职业学院
	武汉商学院
	武汉职业技术学院
	襄阳职业技术学院
	长江职业学院
湖南省	湖南电子科技职业学院
	湖南工艺美术职业学院
	湖南科技职业学院
	湖南民族职业学院
	湖南艺术职业学院
	怀化职业技术学院
	湘西民族职业技术学院
吉林省	吉林省经济管理干部学院
江苏省	常州纺织服装职业技术学院
	江苏工程职业技术学院
	江阴职业技术学院
	南通职业大学
	沙洲职业工学院
	苏州高等职业技术学校
	苏州工艺美术职业技术学院
	苏州经贸职业技术学院
	无锡工艺职业技术学院
	盐城工业职业技术学院

续表

省市自治区	学校（学院）名称
江苏省	扬州市职业大学
江西省	抚州职业技术学院
	赣西科技职业学院
	江西工业职业技术学院
	江西环境工程职业学院
	江西科技职业学院
	江西旅游商贸职业学院
	江西陶瓷工艺美术职业技术学院
	江西应用技术职业学院
	南昌职业学院
	上饶职业技术学院
辽宁省	大连艺术职业学院
	辽宁传媒学院
	辽宁华海学院
	辽宁经济管理干部学院
	辽宁美术职业学院
	辽宁轻工职业学院
	营口职业技术学院
内蒙古自治区	包头轻工职业技术学院
	内蒙古科技职业学院
	内蒙古商贸职业学院
山东省	滨州职业学院
	济南工程职业技术学院
	济宁职业技术学院
	青岛恒星职业技术学院
	青岛职业技术学院
	日照职业技术学院
	山东服装职业学院
	山东科技职业学院

续表

省市自治区	学校（学院）名称
山东省	山东青年政治学院
	山东轻工职业学院
	泰山职业技术学院
	威海职业学院
	潍坊工商职业学院
	烟台工程职业技术学院
	烟台职业学院
山西省	晋城职业技术学院
	山西青年职业学院
陕西省	陕西服装工程学院
	陕西服装艺术职业学院
	陕西工业职业技术学院
	陕西国际商贸学院
	西安工程大学应用技术学院
上海市	上海纺织工业职工大学
	上海工艺美术职业学院
	上海交通大学思源设计学院
四川省	成都纺织高等专科学校
	成都艺术职业学院
	绵阳职业技术学院
	内江职业技术学院
	四川城市职业学院
	四川国际标榜职业学院
	四川华新现代职业学院
	四川科力职业学院
	四川文化产业职业学院
	四川艺术职业学院
天津市	天津工艺美术职业学院

续表

省市自治区	学校（学院）名称
新疆维吾尔自治区	巴音郭楞职业技术学院
	新疆轻工职业技术学院纺织技术分院
	新疆石河子职业技术学院
云南省	昆明艺术职业学院
	云南经济管理职业学院
浙江省	杭州万向职业技术学院
	杭州职业技术学院
	湖州职业技术学院
	嘉兴职业技术学院
	温州职业技术学院
	义乌工商职业技术学院
	浙江纺织服装职业技术学院
	浙江工业职业技术学院
	浙江艺术职业学院

附录3 部分开设纺织类专业中等职业学校名单

省市自治区	学校（学院）名称
安徽省	安徽合肥服装学校
	安徽省蚌埠工艺美术学校
北京市	北京国际职业教育学校
	北京市黄庄职业高中
	北京市新媒体技师学院
重庆市	重庆工商学校
	重庆市工贸高级技工学校
	重庆市龙门浩职业中学校
	重庆市右巴学校
福建省	福建泉州永春职业中专学校
	福州对外贸易职业中专学校
	石狮鹏山工贸学校
	厦门集美职业技术学校
甘肃省	甘肃省西峰职业中等专业学校
广东省	东莞市纺织服装学校
	广东省丝绸职业技术学校
	广州市纺织服装职业学校
	汕头市纺织服装职业技术学校
	深圳市宝安职业技术学校
广西壮族自治区	广西纺织工业学校
	柳州市第二职业技术学校
	南宁市第四职业技术学校
贵州省	毕节职业技术学院
	铜仁职业教育集团学校分校：黔东工业学校（原玉屏职校）
河北省	河北省石家庄市第一职业中专学校
	唐山劳动技师学院
海南省	儋州市中等职业技术学校
河南省	河南工业技师学院
	河南省电子科技学校

续表

省市自治区	学校（学院）名称
河南省	河南省开封市科技工业学校
	漯河职业技术学院
	郑州市科技工业学校
黑龙江省	哈尔滨工业美术设计学校
湖北省	湖北城市职业学校
湖南省	株洲市工业中等专业学校
	吉首市职业中等专业学校
吉林省	吉林省长春市第一中等专业学校
江苏省	江苏省南通中等专业学校
	江苏省如东中等专业学校
	江苏省张家港市第二职业高级中学
	南京中华中等专业学校
江西省	南昌市第一中等专业学校
辽宁省	大连市轻工业学校
	沈阳市服装艺术学校
山东省	昌乐宝石中等专业学校
	岱岳区职业中专
	东平县职业中等专业学校
	济南特殊教育中心
	鲁中中等专业学校
	平阴县职业中等专业学校
	青岛城阳职教中心
	青岛东方丽人模特艺术培训学校
	青岛高新职业学校
	青岛即墨第二职业中等专业学校
	青岛平度市职业教育中心
	青岛市城阳区职业教育中心
	山东垦利职教中心
	山东省莒县职教中心

续表

省市自治区	学校（学院）名称
山东省	山东省临沭县职业中等专业学校
	山东省民族中等专业学校
	山东省青岛莱西市职业教育中心
	泰山医学院
	山东省淄博市淄川区职业教育中心
	山东寿光职业教育中心
	山东烟台第一职业中专
	莘县职业中等专业学校
	威海工业技术学校
	潍坊市经济学校
	武城县职业中等专业学校
	烟台第一中等专业学校
	烟台市机电工业学校
	枣庄市台儿庄区职业中专
	淄博建筑工程学校
	淄博理工学校
上海市	上海市群益职业技术学校
四川省	四川省服装艺术学校
天津市	天津市慧翔职业中等专业学校
云南省	云南工艺美术学校
浙江省	奉化市职业教育中心学校
	杭州市服装职业高级中学
	杭州市乔司职业高级中学
	浙江宁波市北仑区职业高级中学
	浙江省德清县职业中等专业学校
	浙江省平湖市职业中等专业学校
	浙江省嵊州市职业教育中心